Phantasien aus der Schatzkiste

MAWO

Darstellendes Vorlesen - was ist das?

Die ErzählerIn setzt Gegenstände ein:

* als Mittel zur Herstellung einer angenehmen Atmosphäre
* inhaltlich mit der Geschichte verknüpft

Für beides finden sich die Hinweise an den entsprechenden Textstellen.

Mit diesen Dingen werden alle Sinne der Kinder angesprochen: sie können sehen, hören, riechen, schmecken und fühlen.

Mit der neuen Art des Vorlesens werden auch Kinder erreicht, die sonst nicht so gut in der Lage sind, in Ruhe einer Geschichte zu folgen. Die entspannte Atmosphäre, die zauberhafte Stimmung fasziniert alle Kinder gleichermaßen.

Die kleinen Gegenstände sind im Anhang aufgelistet, sie können ohne großen Aufwand nach und nach in der SCHATZKISTE, die auch ein bemalter Pappkarton sein kann, gesammelt werden.

Die Geschichten werden ergänzt durch Theatertexte, Bastel - Anregungen, Rezepte, Traumreisen, etc.

Das Buch wurde in der **KINDERGARTEN** - Arbeit entwickelt. Aber auch **ELTERN**, die sich die kleine Mühe machen, die notwendigen Utensilien zu besorgen, werden durch die Begeisterung der Kinder reich belohnt.

Mariele Diekhof

Phantasien aus der Schatzkiste

Darstellendes Vorlesen

Mit Zeichnungen von Kindern
des Kindergartens Greste, NRW

Reihe
Praxis Kindergarten

PÄDAGOGIK - VERLAG MAWO
BERLIN

Umschlaggrafik: Ingeborg Schmidt
Gestaltung: Wolfgang Rietig
Druck und Bindung: Hellmich PrePress & Print GmbH Berlin
Printed in Germany * ISBN 3-9806228-0-0

Inhaltsverzeichnis

Inhaltsverzeichnis

SPASS - GESCHICHTEN

An die Leserinnen und Leser.

Die konsequente Anwendung der heute vielfach üblichen Schreibweise ".Innen" würde den Lesefluß oft stören. Wenn wir daher die weibliche oder männliche Form verwenden, so bitten wir gleichwohl das jeweils andere Geschlecht, sich in diese Form miteinbezogen zu sehen. Der Verlag

Einleitung

Geschichten und die Phantasie des Kindes

In einer entspannten Atmosphäre einer Geschichte zu lauschen, ist in unserer mit Reizen überfluteten Welt für die Kinder ein ganz besonderes Erlebnis. Das Gefühl, Mama, Papa oder die Erzieherin ganz nah bei sich zu haben, zu wissen, wir haben alle Zeit der Welt, und nichts kann diese Idylle stören, ist etwas Wunderbares. Das Kind erfährt Nähe, Geborgenheit, kann sich fallenlassen, fühlt sich beschützt - auch wenn es abenteuerlich und aufregend zugeht im „Land der Phantasie."

Doch noch schöner, noch berauschender ist es, wenn wir das Erzählen mit Gegenständen ergänzen und so dem Kind die Möglichkeit geben, die Geschichte sensitiv zu erleben. Es spürt nicht nur die Nähe des Erzählers, sondern es fühlt, riecht, schmeckt und sieht; erlebt also die Geschichte mit allen Sinnen, spürt die ganz besondere Atmosphäre und nimmt sie in sich auf. Kein Film aus dem Fernseher, keine Geschichte von einer Kassette kann dem Kind ein so faszinierendes Erlebnis vermitteln.

Dieser Einklang von Geborgenheit und sensitivem Erleben ist ein wichtiger Baustein für die Entwicklung des Kindes; insbesondere für dessen Kreativität. Es erlebt, daß die Bedeutung auch der kleinen Gegenstände mehr sein kann als das zunächst Sichtbare. Diese Fähigkeit ist beim Kind noch viel ausgeprägter als beim später „rationalen" Erwachsenen. Wie schon beim Vorlesen und Betrachten eines Bilderbuches das Kind viel mehr „hinter den Bildern" sieht als der Vorleser, kann die Phantasie erst recht durch weitere Sinnes - Erfahrungen angeregt werden: Sehen, Fühlen, Schmecken, Riechen, Hören.......

Das Kind wird dies dankbar und „begierig" aufnehmen. Wir müssen ihm nur die Möglichkeit hierzu geben. Dieses Buch wird Ihnen dabei helfen.

Aus der Kindergarten - Arbeit der Autorin

Darstellendes Erzählen - eine neue Form des Vorlesens

Ich habe den Unterschied noch deutlich vor Augen: Um einer Praktikantin zu zeigen, wie eine angenehme, spannende oder „verzauberte" Atmosphäre sich auf das Wohlbefinden und die Konzentration der Kinder auswirkt, habe ich dieselbe Geschichte zwei verschiedenen Kindergruppen erzählt. Beide Male saßen wir dabei im „Stuhlkreis".

Der ersten Gruppe erzählte ich die Geschichte ohne irgendwelche weiteren Vorbereitungen. Die Sonne schien ins Fenster und die Kinder lauschten meinen Worten. Die Abenteuer der „Krähe Kora" schien sie zwar zu interessieren, doch das eine oder andere Kind schaute schon mal sehnsüchtig durchs Fenster auf das Spielgelände, wo sich schon einige Kinder der anderen Gruppen tummelten. In dieser Situation hatte ich nur meine Stimme, meine Gestik - „nur" mich, um die Kinder zu fesseln.

Am nächsten Tag saßen wir wieder beisammen, diesmal mit einer anderen Gruppe, damit ich den Unterschied demonstrieren konnte. Ich hatte den Raum abgedunkelt, in der Mitte des Stuhlkreises ein schwarzes Tuch ausgebreitet, etwas Erde draufgestreut und das Ganze mit ca. 10 brennenden Teelichtern eingekreist. Unter einem Tuch in meiner Nähe lagen die verschiedenen Dinge, die ich während des Erzählens einsetzen wollte (Klangkugel, bunte Federn). Schon beim Hereinkommen der Kinder zeigte sich ein Unterschied zum Vortag: Die Kinder gingen vorsichtig, fast andächtig zu ihren Stühlen. Die Atmosphäre, die ich geschaffen hatte, erzeugte offenbar eine gespannte Aufmerksamkeit und weckte die Neugier der Kinder.

Ich begann mit den Worten: „Kennt ihr denn schon die Krähe Kora? Ihr seht sie sicherlich auch jeden Morgen auf dem schwarzen Feld hinter dem Kindergarten. Schaut! Damit ihr euch die Geschichte besser vorstellen könnt, habe ich hier in unserer Mitte das Feld aufgebaut. Ja, da spielt jetzt unsere Geschichte. Schaut gut hin und hört mir zu....“

Die Kinder, vom Licht der Kerzen, vom Aufbau der eigentlich eher kargen „Geschichtslandschaft“ fasziniert, folgten mit gespanntem Interesse meiner Geschichte. Gesteigert wurde ihre Konzentration, ihre Faszination, durch das Einsetzen der Klangkugel und durch das Zeigen und Berühren der bunten Federn. In dieser Gruppe gelang es mir spielend, die Geschichte für die Kinder zu einem großartigen ERLEBNIS werden zu lassen.

Aus diesem Beispiel wird deutlich, wie sehr sich die von dem Erzähler, der Erzählerin geschaffene Atmosphäre auf die Kinder auswirkt. Ich habe festgestellt, daß die Phantasie der Kinder durch diese Art des Vorlesens sehr angeregt wird. Auch zeigt das Beispiel sehr schön, daß es die Kleinigkeiten, die einfachen Gegenstände sind, aus denen im Nu eine „große Sache“ wird. Die Kinder lernen das sehr schnell. So habe ich zum Beispiel beobachtet, daß eine kleine Blüte, von einem Kind mitgebracht, Auslöser war für ein einstündiges intensives Spiel auf dem Teppich. Diese den Kindern eigene Fähigkeit nutzen und fördern wir mit den Geschichten in diesem Buch.

Entführen Sie die Kinder ins.....

....Reich der Phantasie......

Meine Schatzkiste möchte ich nicht mehr missen

In unserem Kindergarten befindet sich inzwischen in jeder Gruppe eine **SCHATZKISTE**. Sie wird für die Kinder unzugänglich aufbewahrt und immer aufs neue mit den verschiedensten Dingen gefüllt, die beim Erzählen der „Erlebnisgeschichten“ eingesetzt werden.

Unsere Kisten sind aus Holz und haben einen aufklappbaren Deckel. (Maße: ca. 40x30x25cm). Zusammen mit den Kindern haben wir sie - in jeder Gruppe anders - kunterbunt bemalt.

(Natürlich kann auch ein stabiler Pappkarton diesen Zweck erfüllen.)

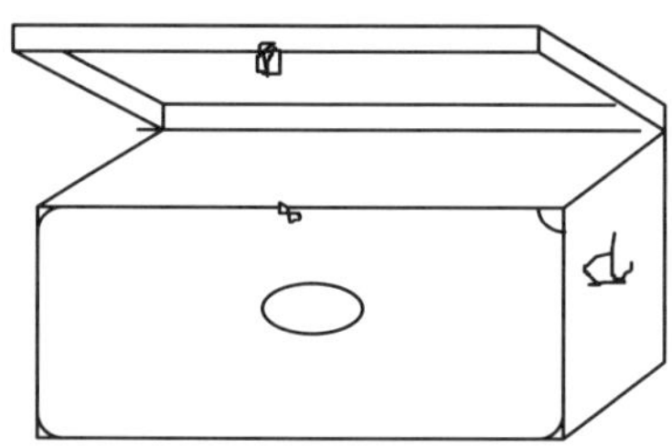

Zur Zeit befinden sich die wundersamsten Dinge in meiner **SCHATZKISTE:** Verschiedene Fingerpüppchen, Murmeln, Klangkugeln, Steine, Muscheln, eine Flöte, Paillettenstoff, Duftpuder, Sonne und Mond aus Filz, Zapfen, bunte Federn, kleine Holzfiguren, Teelichter, Meditationskerzen, goldene Knöpfe, bunte Schafwolle, eine Spieluhr, ausgeschnittene Blüten, eine Dose mit Karnevals - Glimmer und eine mit goldenen Sternen usw. usw.... Ich könnte mir eine Kindergarten - Arbeit ohne diese Kiste, ohne das DARSTELLENDE ERZÄHLEN kaum noch vorstellen! Ständig kommen neue Dinge hinzu..... und ich ertappe mich immer häufiger dabei, daß ich in Kaufhäusern und auf Flohmärkten nach kleinen Dingen Ausschau halte, die eventuell einmal in einer meiner Geschichten zum Einsatz kommen könnten. Und umgekehrt ist es so, daß diese kleinen Dinge mich inspirieren, neue Geschichten zu erfinden und aufzuschreiben.

Sieben dieser Geschichten möchte ich Ihnen in diesem Buch vorstellen, außerdem dazu passende Fingerspiele, Bastelanregungen, Theaterstücke, Rezepte, Traumreisen, Abzählverse und Stuhlkreis - Spiele.

Viel Freude dabei!!

Vorbereitung für DIE TRAUMDECKE

Empfohlene Gegenstände für die Darstellung

Goldfarbenes Tuch, Duftpuder, bunte Steine, Teelichter
Blüten beliebiger Blumen, Duftlampe (Tannenduft)
Stoffreste je ca. 10x10 cm in rot, blau, gelb, grün, gold, weiß

Atmosphäre:
Ein goldfarbenes Tuch wird ausgebreitet und mit Blüten, bunten Steinen und brennenden Teelichtern geschmückt.
Es duftet nach Tanne.
Der Raum sollte abgedunkelt sein.

Die Traumdecke

Eine besinnliche Geschichte aus dem Land der Träume

Ziemlich weit von hier, in einem kleinen Städtchen am Rande eines tiefen, dunklen Waldes, da wohnte einmal ein kleines Mädchen mit seinen Eltern. Die Familie war sehr arm und sie hatten gerade genug Geld, um nicht zu verhungern. Vater, Mutter und Lisa, so hieß das Mädchen, wohnten alle drei in einem kleinen Häuschen, durch dessen schiefe Fenster der Wind pfiff. Doch das machte ihnen nicht soviel aus. Sie waren froh, ein Dach über dem Kopf und ein warmes Bett zum Schlafen zu haben. Lisa besaß nur wenige Spielsachen, aber auch das störte sie nicht so sehr. Sie war dennoch ein fröhliches Kind. Es gibt im Garten und im Wald draußen genug zum Spielen, dachte sie.

Und so war Lisa oft stundenlang unterwegs und spielte mit Tannenzapfen und Wurzeln, mit Laub und Erde, mit Moos und Steinen.

„Wenn ihr tief einatmet, dann
riecht ihr vielleicht auch den Wald?“

Ihre kleine Lumpenpuppe war natürlich immer dabei. Sie hatte knallrotes, zerzaustes Haar und sah ziemlich frech aus. Außer dem

Püppchen besaß Lisa nur noch einen kleinen verbeulten Ball, den sie vor langer Zeit einmal zum Geburtstag geschenkt bekommen hatte.

Eines Tages, an Lisas fünftem Geburtstag, kam die Großmutter zu Besuch. Lisa freute sich sehr, denn ihre Großmutter wußte immer die schönsten und spannendsten Geschichten zu erzählen. Als sie dann alle gemütlich am Küchentisch beieinander saßen, da überreichte Großmutter der Lisa ein dickes Paket. Lisa bekam große, glänzende Augen, als sie das Papier abgewickelt hatte und sie eine kunterbunte flauschige Decke in ihren Händen hielt. „Oh, Großmutter", flüsterte sie andächtig, das ist die schönste Kuscheldecke, die ich je gesehen habe." „Ja", sagte die Großmutter, „ich habe lange Zeit Stoffreste gesammelt, um daraus eine Traumdecke zu deinem Geburtstag zu nähen." „Eine Traumdecke?" Lisa besah sich die Decke näher. Sie schillerte in den Farben blau, weiß, rot und grün, gelb und gold.

Und schon nach wenigen Tagen wußte Lisa, warum Großmutter diese Decke „Traumdecke" genannt hatte. Ja, stell dir vor: Lisa träumte - mollig in die Decke eingekuschelt - die schönsten Träume, sobald sie ihre Augen schloß. Und das ganz Besondere daran war, daß Lisa sich ihre Träume aussuchen konnte! Kuschelte sie sich nämlich mit ihrem Kopf auf die blaue Stelle in der Decke, so konnte es sein, daß sie vom blauen Meer träumte.

Erzähler zeigt den Kindern ein blaues Stück Stoff

Im Traum hört sie das Rauschen der Wellen und das eifrige Kreischen der Möwen. Manchmal träumt sie sogar davon, wie sie sich in einen Delphin verwandelt und in die wunderschöne Unterwasser - Welt hinabgleitet. Sie sieht dann schillernde Fische vorbeiziehen. Algenfäden wiegen sich hin und her. Manchmal ziehen sogar gefährliche Haie ganz nah an ihr vorbei. Doch Lisa hat keine Angst. Im Traum kann ja nix passieren.

Besonders gerne träumt Lisa davon, auf einer dikken, bauschigen, schneeweißen Wolke zu reiten. Dazu stupst sie ihre Nase vor dem Einschlafen auf die weiße Ecke ihrer Traumdecke.

Erzähler zeigt den Kindern das weiße Tuch

Die Wolken sehen dann aus wie Pferde. Lisa sitzt bequem auf dem Rücken eines der Wolken - Pferde und schaut stolz auf die Erde hinunter. Huuii - das ist ein schönes Gefühl!! Neulich, als sie ihre Nase wieder einmal auf ein weißes Fleckchen ihrer Decke gelegt hatte, da träumte sie, daß

duftender Schnee vom Himmel herabrieselt.

Ist das nicht herrlich? Ihr möchtet doch sicher wissen, wie der Schnee geduftet hat. Na, dann streckt doch mal eure Hände aus.

Erzähler läßt Duftpuder auf die Hände der Kinder rieseln

So schön dufteten die Schneeflocken, die um Lisa herum in der klaren Winterluft tanzten.

Letzte Woche, als Lisa sich mal wieder so richtig gemütlich in ihre Traumdecke einkuschelte, da legte sie ihren Kopf kurz vor dem Einschlummern auf eine grüne Stelle der Decke.

Was glaubt ihr wohl, wovon die kleine Lisa da träumte?

Erzähler zeigt den grünen Stoff

Stellt euch vor: Lisa verwandelte sich in einen grünen Grashüpfer und hüpfte fröhlich über eine saftig grüne Sommerwiese.

Unterwegs begegneten ihr einige Marienkäfer und unzählige andere kleine Krabbeltiere. Alle waren sehr nett zu ihr und im Traum konnte unsere Lisa leicht die Tiersprache verstehen. So hielt sie mit allen Tieren, die ihr begegneten, ein kleines Pläuschchen. Schön, nicht?

Als sie neulich, an einem Sonntag, ihre Nase auf die rote Farbe in ihrer Decke legte,..

.....der rote Stoff wird gezeigt

...da hatte sie einen sehr spannenden Traum. Du wirst es nicht glauben - aber sie sah einen feuerspeienden Vulkan vor sich! Glühende dunkelrote Funken flogen durch die Luft und rote Lavamasse wälzte sich über das Land. Wunderschön sah das aus, und der Lisa wurde beim Anblick der Funken ganz warm.

Niemals könnte sich Lisa von ihrer Traumdecke trennen. „Träumen ist soo schön“, sagte sie oft zu ihrer Mama - und ich kann sie gut verstehen. Schaut mal! -

Erzähler holt den gelben Stoff hervor

- diese Farbe befindet sich auch in der Decke. Was glaubst du wohl, wovon Lisa träumt, wenn sie ihren Kopf auf die gelbe Farbe legt? Ja, richtig! Von der warmen Sonne! Davon träumt sie am liebsten, wenn es draußen regnet und stürmt und die dicken Regentropfen an die Fensterscheiben prasseln. Dann kuschelt sie sich ganz tief in ihre Decke und träumt davon, im gelben Sand zu liegen und die Sonnenstrahlen auf ihrer Haut zu spüren.

Doch den schönsten Traum träumt sie, wenn sie sich auf die goldene Farbe legt.

Die Kinder betrachten den goldenen Stoff

Das klappt nicht immer so, aber wenn Lisa Glück hat, dann träumt sie vom goldenen Traumland. Dort sind die Farben besonders leuchtend. Der Sand schimmert golden und die Steine glitzern wie Glas. Vögel mit einem Federkleid, so bunt wie ein Regenbogen flattern durch die lauwarmen Lüfte. Sie setzen sich auf die Zweige der silbrig glänzenden Bäume und zwitschern die schönsten Melodien. Schau dort zur goldenen Decke: Siehst du die wunderschönen Blumen und Steine? Vielleicht kannst du dir nun Lisas Traum ein wenig besser vorstellen?

Möchtest du auch von den wundersamen Dingen träumen? Dann versuch es doch einmal. Lisa gibt dir gerne ein kleines Stückchen von ihrer Decke ab.

Jedes Kind bekommt ein Stückchen Stoff

Vielleicht erzählst du mir morgen, wie es im Reich der Träume gewesen ist...........

Gute - Nacht - Gedicht

Ich habe eine bunte Decke
In meinem Bett, in einer Ecke
Abends decke ich mich zu
Und ich träume dann im Nu

Vom saftigen grünen Rasen
Vom braunen Osterhasen
Von dicken Wolken am Himmelszelt
Von einer Wüste am Ende der Welt

Ich träume, der Mond kommt mich besuchen
Er sitzt am Tisch und nascht vom Kuchen
Ich träume, ich flieg durch die Luft
Um mich herum ein Frühlingsduft

Ich träum, ich bin ein Fisch im Meer
Und schwimme fröhlich hin und her
Tauche dann und wann hinunter
Und fühl mich prima frisch und munter

Ich träum vom Regenbogen, auf dem ich rutsche
Vom Riesenlutscher, an dem ich lutsche
Von einem leck`ren Honigbrot
Von einer Reise im Paddelboot

Ich träum, ich wär ein Kapitän
Und könnte ferne Länder sehn
Ich paddel bis nach Afrika
Und morgens bin ich wieder da

Wir nähen eine Traumdecke

Für die Geschichte DIE TRAUMDECKE haben wir nur verschiedenfarbige Stoffreste benötigt; nun wollen wir unserer SCHATZKISTE eine richtige Decke hinzufügen.

Die Decke sollte ca. 80 x 100cm groß sein. Der Phantasie sind dabei keine Grenzen gesetzt: bunte ausrangierte Kleidungsstücke reichen als Material oft schon.. Auch Sonderangebote oder ein Schlußverkauf können dabei von Nutzen sein. Die Materialien können natürlich ganz unterschiedlich sein, wobei weiche Stoffe zu bevorzugen sind.

Anregungen für Ersatz - Materialien gibt es vielleicht in Bastelläden.

Zum Ausprobieren einiger Spiele erfüllt auch eine „Decke" aus starkem Papier ihren Zweck. Die bunten Papier - Rechtecke werden mit Tesa aneinandergeklebt.

Spielanregungen
für die Traumdecke

Die Traumdecke wäre sicherlich auch ein ganz besonderes Geburtstagsgeschenk. Eine Mutter erzählte begeistert, daß sie ihrer Tochter eine selbstgenähte bunte Traumdecke geschenkt hatte. Mit den kleinen Gästen probierte sie dann mehrere Spielideen mit dieser Decke aus..... Es war eine sehr schöne Feier!

Das Traumspiel

Wir sitzen im Kreis zusammen. In der Mitte liegt ausgebreitet die Traumdecke. Ein Körbchen mit bunten Glassteinen steht daneben.

Ein Kind sucht sich einen beliebigen Stein aus dem Körbchen und legt ihn auf das farblich ähnlichste Rechteck der Decke.

Das Kind legt z.B. einen grünen Stein auf die grüne Fläche. Wir schließen die Augen und stellen uns einen „grünen Traum“ vor. (Währenddessen erklingt Entspannungsmusik). „Wer möchte davon erzählen? Von einem grünen Rasen, einem saftig grünen Apfel?......“

Nach der Traum - Erzählung beginnt das Spiel von vorn.

Abschluß: Die Kinder suchen sich aus einem Körbchen voller bunter Stoffreste (ca. 10x10cm) ein Stückchen in ihrer Lieblingsfarbe und nehmen es mit nach Hause. Abends wird es unter das Kopfkissen gelegt, und am darauffolgenden Tag bekommen die Kinder Gelegenheit, ihren Traum zu erzählen bzw. ihn aufzumalen.

Es ist immer wieder erstaunlich, wieviel Phantasie die Kinder dabei entwickeln können!

Farbspiele

Wir sitzen wieder im Kreis mit der Traumdecke und den Steinen.

* Alle Kinder nehmen sich einen Stein; bei kleinen Gruppen 2 - 5 Steine für jedes Kind. Ein Kind (Spielleiter) legt einen Stein auf ein passendes Farbfeld der Decke, z.B. gelb. Die Kinder, die einen gelben Stein in der Hand halten, gehen los und suchen im Raum einen gelben Gegenstand und legen ihn in die Mitte. Anschließend betrachten wir die Gegenstände und nennen sie beim Namen. Zum Schluß werden - nach der gleichen Spielregel - alle Gegenstände wieder zurückgebracht.
* Außerhalb des Kreises liegt ein großes weißes Plakat, daneben stehen Mal - Utensilien (Wasserfarben, Pinsel). Jedes Kind nimmt sich ein bis zwei Steine. Der Spielleiter legt einen Stein auf ein farblich dazu passendes Feld. Nun gehen alle Kinder, die einen Stein in der gleichen Farbe in der Hand halten, zum Plakat und malen in dieser Farbe. So wird das Bild immer bunter....
  Das „Gemeinschafts - Kunstwerk“ findet sicherlich einen schönen Platz an einer Wand im Gruppenraum.

Bestimmt entwickeln sich auch in Ihrer Einrichtung noch eine Menge Spielideen mit der **TRAUMDECKE**.

Vorbereitung für KABABA

Empfohlene Gegenstände für die Darstellung

Goldfarbene Tannenzapfen, bunte Steine, Teelichter
Duftlampe (Kirschblüten- od. Mandelduft)
Glitzertuch, Glasmurmeln (1 bis 2 für jedes Kind)
Entspannungsmusik, z.B. v. Kassettenrecorder
Zum Probieren: je Kind 1 Erdbeere od. Kirsche
od. Stck. Banane etc.

Atmosphäre:

Raum abdunkeln. Auf ein „Glitzertuch" die goldenen Zapfen, Glassteine und Teelichter stellen. Duftkerze anzünden. Während die Kinder sich um die Kerzenlandschaft versammeln, erklingt leise Entspannungs - Musik, die bei Beginn des Erzählens erst einmal ausgeschaltet wird

Kababa

Was denn, du hast noch nie etwas von Kababa gehört? Du kennst ihn noch nicht? Na, dann muß ich dir unbedingt eine Geschichte von ihm erzählen.

Kababa ist ein hutzeliges Wuzzelmännchen mit einem zerknitterten Gesicht und einer langen, krummen Nase mittendrin. Ich glaube, Kababa ist schon uralt - aber so genau weiß er das selber nicht.

Er wohnt in einem wunderschönen Luftschloß, ganz weit weg von hier, in einem Land, in dem es nach Kirschblüten duftet und alle Wünsche in Erfüllung gehen. Ja - du hast richtig gehört! Wünscht sich Kababa zum Beispiel warmes Sonnenwetter - schwupps - schon strahlt eine kräftig gelbe Sonne auf ihn herab. Wünscht er sich Regen, dann tröpfeln bald dicke Tropfen vom Himmel herunter. Hat er Appetit auf dicke rote Erdbeeren? Kein Problem! Er muß nur ganz doll daran denken - schon stehen frische rote Erdbeeren vor ihm.

Kommt, wir probieren das auch einmal! Haltet eure Hände auf, schließt die Augen und wünscht euch ganz fest eine Erdbeere.

Entspannungsmusik wieder einschalten

Die Erdbeeren verteilen

Neulich wünschte er sich goldene Bäume für seinen Schloßgarten und dicke gläserne Steine zum Daraufherumklettern.

. Schaut dort - auch dieser Wunsch wurde Wirklichkeit: Da stehen die goldenen Bäume ......

....auf die goldenen Zapfen und die Glassteine zeigen....

.......und die Steine glitzern in der Sonne. Toll, was?

Ja - selbst dicke Freunde kann er sich herbeiwünschen. Jeden Tag andere Freunde mit blonden, braunen oder roten Haaren - mit blauen oder grünen Augen. Er braucht sich nur einen vorzustellen - und schwupps! - schon sitzt er auf den Stufen seines Luftschlosses und wartet auf ihn. Ja, Kababa hat wirklich ein feines Leben, nicht?

Musik ausschalten

Hier im Menschenland ist das ganz anders. Um einen Freund zu finden, muß man schon nett und freundlich zueinander sein. Dicke Freunde kümmern sich umeinander, teilen ihre Spielsachen und manchmal sogar ihr Butterbrot. Im Menschenland streiten sich hin und wieder sogar die besten Freunde. Dann sind beide sehr traurig. Aber wenn sich beide wieder vertragen, dann sind sie die glücklichsten Menschen der ganzen Welt. Sicher hast du das auch schon erlebt.

Glücklich sein, wütend sein, traurig sein - das sind Gefühle, die Kababa im Land der Wünsche noch nie so richtig erlebt hat, bis...... -

ja, bis er eines Tages Josef, den Möhrenkopf kennenlernte. Und das, obwohl er sich an diesem Tag doch gar keinen Freund gewünscht hatte. Aber von diesem Tag an war alles anders.......

Kababa kam eines Tages vom Spaziergang zurück und hörte schon von weitem ein lautes Schluchzen und Weinen. Das Geräusch kam direkt aus seinem Luftschloß. Na, was ist denn das?, dachte Kababa. Wer sitzt denn in meinem Schloß und weint so bitterlich? „Hallo! - ist da jemand?" flüsterte Kababa und schlich sich leise heran. Eine verzagte Stimme klang an sein Ohr: „Huhuu - ich bin so traurig, niemand mag mich, huhuu..." Ein knallroter Kopf mit wuscheligen schwarzen Haaren schaute aus dem Schloß heraus. Dicke Tränen kullerten aus den Augen. „Wer bist denn du, und warum weinst du so?", sprach Kababa. „Ich wünsche mir, daß du sofort aufhörst zu weinen. Komm, sei fröhlich!" Aber nichts war mehr wie vorher. Kababas Wunsch erfüllte sich nicht. Kababa verstand die Welt nicht mehr. Sein Wunsch ging nicht in Erfüllung. Warum nicht?, fragt ihr mich. Ja - das weiß ich auch nicht so genau.

Aber wir wollen mal hören, wie die Geschichte weitergeht:

„Alle nennen mich Möhrenkopf, weil ich anders aussehe als andere Leute", weinte das knallrote Männchen. Jetzt wurde auch Kababa traurig, zum ersten Mal in seinem Leben. „Wie heißt du denn wirklich?", wollte Kababa wissen. „Ich heiße Josef, aber so nennt mich keiner", schluchzte Möhrenkopf. „Aber Möhrenkopf ist doch gar kein Schimpfwort. Möhren sind doch lecker und gesund! Dein

Kopf ist wunderschön, so einen schönen roten Kopf habe ich noch nie gesehen", meinte Kababa ganz freundlich.

„Was sagst du da? Du findest mich schön?" „Na klar! Das ist doch toll, wenn nicht alle Leute ähnlich aussehen. Schau mal, ich sehe doch auch alt und zerknittert aus und ich mag mich trotzdem." „Ich mag dich auch", flüsterte Möhrenkopf dem Kababa ins Ohr. „Oh, Möhrenkopf, willst du mein Freund sein und bei mir im Luftschloß wohnen?" Kababa hatte plötzlich so ein richtig dolles Glücksgefühl im Bauch.

Der traurige Möhrenkopf war gar nicht mehr traurig, er wollte gern für einige Zeit zu Kababa ins Luftschloß ziehen. „Ich wandere schon seit langer Zeit durch die Welt, um Abenteuer zu erleben, aber so einen netten Freund wie dich habe ich noch nie getroffen", sagte er.

Voller Freude tanzten beide durchs Schloß, und sie sangen so laut, daß ihre fröhlichen Stimmen im ganzen Land zu hören waren.

So blieb dann Möhrenkopf lange Zeit bei Kababa. Möhrenkopf war gar nicht so einfach und so nett wie all die anderen Freunde, die sich Kababa immer zum Spielen herbeigewünscht hatte. Manchmal, wenn er beim Murmelrollen das Loch nicht traf, dann konnte er so laut toben, daß Kababa sich die Ohren zuhalten mußte.

Ja - sie stritten und sie vertrugen sich oft, die beiden. Einmal hatte Möhrenkopf seinen Freund vor Wut sogar ins Bein gekniffen. Warum? Das wissen die beiden heute auch nicht mehr so genau. Es dauerte allerdings fast zwei Tage, bis Kababa ihm das verziehen hatte.

Aber glücklicherweise können die Zwei über alles reden. Schließlich sind sie die allerbesten Freunde. Abends, wenn sie erschöpft vom Murmelspielen ganz dicht beieinander im Luftschloßgarten auf einer Bank sitzen und den Sonnenuntergang genießen, dann ist Kababa so glücklich wie nie in seinem Leben. Ja, Kababa war richtig glücklich, obwohl sich seine Wünsche, seit er Möhrenkopf kennengelernt hatte, nicht mehr einfach so erfüllten. Manchmal allerdings probierte er es noch aus. Dann setzte er sich vor sein Luftschloß, schloß die Augen und wünschte sich beispielsweise einen dicken, duftenden Apfel.

Wie wär's - wollen wir uns auch noch einmal ganz fest etwas wünschen? Dann schließen wir jetzt wieder die Augen,.....

Musik wieder einschalten

.....halten die Hände auf ....und denken ganz doll an einen dikken, saftigen Apfel, ja?

Nun öffnen wir wieder die Augen......und schauen in unsere Hände....es ist nichts geschehen! Es hat nicht geklappt. Seht ihr - auch in Kababas Traumland klappt das mit den Wünschen nicht mehr so. Hat er Appetit auf einen Apfel, dann muß er sich schon auf den Weg zum Apfelbaum machen, muß hinaufklettern, um sich einen zu pflükken. Puh! - wie mühsam! Aber eigentlich macht ihm das nicht so viel aus - er hofft nur, daß Möhrenkopf noch lange bei ihm bleibt, bevor er wieder auf Wanderschaft geht. Am liebsten würde er ihn nie wieder hergeben. Nie wieder!

Auch dann nicht, wenn dafür alle Wünsche wieder in Erfüllung gehen würden, wie früher. Nein - auch dann nicht. Einen besten Freund gibt man nämlich nicht so einfach her, oder?

Hast du auch einen besten Freund, mit dem du Murmelrollen spielen möchtest?. Dann halt mal deine Hand auf. Hier habe ich eine Murmel für dich,

Jedes Kind bekommt eine Murmel

........sie ist von Kababa, mit schönen Grüßen von ihm!

Murmelspiele

Ideal zum Spielen in der Turnhalle (od. in großem Raum)

1. Murmelsammeln

Die Murmeln werden von den Kindern auf dem Fußboden im Raum verteilt. Die Kinder ziehen Schuhe und Strümpfe aus, und ihre Augen werden verbunden. Sie bekommen nun die Aufgabe, vorsichtig durch den Raum zu gehen. Wenn sie auf eine Murmel treten, heben sie **diese** auf, (Tasten mit den Händen gilt nicht).

2. Murmel - Hindernis - Lauf

Material: Pappteller, Hindernisse

Das Kind bekommt einen Pappteller (oder einen großen Löffel) mit einer Murmel darauf und bewegt sich damit vorsichtig über eine festgelegte Strecke. Dabei darf die Murmel nicht herunterfallen. Auf dem Weg stehen beliebige Hindernisse (Kissen, Bänke, Kästen etc.).

3. Murmeltanz

Material: Schwungtuch (Loch in der Mitte), Musik (Kassette)

Die Kinder stehen im Kreis und halten das Schwungtuch. Ein Kind hockt unter dem Tuch. Nun rollen alle Kinder ihre Murmel auf das Tuch. Wenn die Musik beginnt, wird das Tuch sanft bewegt, und die Murmeln „tanzen." Das Kind unter dem Tuch hat die Aufgabe, die Murmeln zurückzuwerfen, die durch das Loch des Schwungtuches gerollt sind.

Gedicht

Traumreise

Kennst du Kababa mit dem Knittergesicht ?
Was denn - das Männchen kennst du noch nicht ?
Er wohnt ganz weit von hier im Land der Träume
Dort gibt es glitzernde Steine und silberne Bäume
Schillernde Schmetterlinge flattern durch die Luft
Und alles liegt im Kirschblütenduft
Stell dir vor - im Wunschtraumland
Gibt es Berge, Wiesen und weißen Sand
Mit einem Luftschloß mittendrin
Aha, du möchtest dort auch gern hin ?
Dann schließe die Augen und werde ganz leise
Und geh mit mir auf die weite Reise

Entspannungsmusik erklingt leise

Spürst du den lauwarmen Wind im Gesicht ?
Siehst du das goldene Sonnenlicht ?
Riechst du den Duft der Kirschenbäume ?
Ja - dann bist du im Land deiner Träume!

Lied

zu der Kababa - Geschichte

Melodie: Wir Kindergarten - Kinder, wir sind vergnügt und froh.....

1 ***Wir beide sind jetzt Freunde***
und füreinander da,
wir bleiben nun zusammen,
und das ist wunderbar.

Refrain: *Daß wir zusammen sind, heidi heida*
das freut ein jedes Kind, heidi heida
daß wir zusammen sind, ja, das ist schön.

2 *Und ist man auch mal traurig,*
das muß ja manchmal sein,
dann lassen wir und trösten,
wir sind ja nicht allein.

3 *Und wenn wir uns mal streiten,*
und haben Wut im Bauch,
dann woll´n wir drüber reden,
das tun die Kinder auch.

4 *Gefühle zu haben ist wunderbar,*
ob Wut, ob Ärger oder Glück,
alles muß man mal erleben,
von jedem Gefühl ein Stück....

Das Lieblings - Rezept von Möhrenkopf.......

Backen

Wir backen eine Möhrentorte

Zutaten:

12 Scheiben Zwieback 5 Eier
250g Zucker 3TL Backpulver
250g Haselnüsse (gemahlen)
250g Möhren (geraspelt)
Saft und Schale einer unbehandelten Zitrone

Zubereitung:

Die 12 Scheiben Zwieback zerkrümeln, in ein Handtuch geben, zusammenschlagen, mit dem Wellholz zerreiben.
Eigelb und Zucker schaumig rühren.
Nüsse, Backpulver, Möhren, Zwiebackmehl, Zitronensaft und -schale beimischen.
Eiweiß zu Schnee schlagen, das Eiweiß unterheben. Den Teig in eine gefettete Form füllen.

Bei 175-195 Grad 1 Stunde backen.
Mit Kuvertüre überziehen.
Verzieren, z.B. mit Marzipan - Möhren.

Vorbereitung für KABABA UND DAS BABY

Empfohlene Gegenstände für die Darstellung

Glitzerndes Tuch, Blüten, Glassteine
Klangkugel od. Flöte, Wunderkerze
Sonne und Mond aus Filz oder starker Pappe an Stöckchen befestigt
Teelichter, Duftlampe m. Kirschblütenduft
Sternenkugel (s. Anleitung), Entspannungsmusik

Atmosphäre:

*Auf dem glitzernden Tuch die Blüten,
Glassteine und Teelichter verteilen.
Sternenkugel in die Mitte stellen.
Raum abdunkeln, leise Entspannungsmusik erklingt.*

Kababa und das Baby

Ihr wißt ja, Kababa, das zerknitterte Wuzzelmännchen, wohnt ziemlich weit weg von hier, in einem Land, in dem früher einmal - bevor der Möhrenkopf kam - alle Wünsche in Erfüllung gingen.

In diesem Land sind alle Farben besonders leuchtend. Dort gibt es farbenprächtige Blumen und silbrig - glänzende Bäume. Was denn - ihr möchtet auch dorthin, möchtet mehr von Kababa hören? Na, dann schaut doch einfach auf das Tuch dort! Seht ihr die wunderschönen Blumen, die Glassteine und die brennenden Lichter? Ja - schaut nur genau hin und hört mir gut zu!

Es ist Frühling im Kababa - Land. Ein lauwarmer Wind weht durch die Luft und die Blumen wiegen sich hin und her. Vögel zwit-

schern, und goldgelbe Schmetterlinge flattern durch die Luft. Aber - wo ist denn bloß Kababa? Auch sein Freund Möhrenkopf ist nirgends zu sehen. Komisch - eigentlich tollen die zwei mittags gerne über die grüne Wiese und erzählen den Schmetterlingen lustige Witze, oder sie rollen mit Begeisterung ihre Murmeln durch den Schloßgarten.

Oh, was ist das denn? Hinter einem Berg aus glitzernden Steinen blitzt Kababas schwarze Zipfelmütze hervor. Warum hat Kababa sich bloß versteckt? Oh, sein Gesicht sieht ganz traurig aus; Tränen fließen über sein Gesicht. Noch niemals hat er soo traurig ausgesehen!

Ja - Kababa hat ein großes Problem. Er hat zwar Möhrenkopf als besten Freund. Aber trotzdem spürt er manchmal eine starke Sehnsucht in sich. Er hätte so gern ein kleines Baby. Ein Baby, das ihm ähnlich ist und zuckersüß aussieht. Kababa sehnt sich schon recht lange danach, doch nichts geschieht! Mit jedem Tag wird er trauriger, und er mag auch nicht mehr über die Wiese tollen.

Eines Tages, Kababa saß wieder einmal bedrückt am Wiesenrand, da erklang eine wundersame Melodie.

Eine Klangkugel oder Flöte erklingt

Eine freundliche Stimme sprach: „Kababa, kann ich dir helfen? Ich kann es nicht mehr mit ansehen, daß du so traurig bist.“ Kababa blickte sich erstaunt um und entdeckte oben am Himmel die Sonne, die mit ihm sprach.

Erzählerin hält die gelbe „Sonne“ in der Hand

Tja, im Kababa - Land ist wohl alles möglich. „Hallo, Sonne“, rief Kababa, „ich bin so traurig, weil ich mir so sehr ein Baby wünsche, ein klitzekleines. Es soll so zerknittert und nett aussehen wie ich. Aber nix passiert. Kannst du mir helfen?“

„Lieber Kababa, ich kann dir leider nicht helfen, aber frag doch meinen Bruder, den Mond.“ „Danke, liebe Sonne, heute Nacht bleibe ich so lange wach, bis die Sterne funkeln und der Mond am Himmel leuchtet.“ Kababa war schon nicht mehr ganz so traurig. Die warmen

Worte der Sonne hatten ihn sehr getröstet. Es ist schon toll, Trost zu bekommen, wenn man ganz traurig ist.

Erst als der Mond ganz oben am Himmel stand, traute sich Kababa, ihn zu rufen.

Erzählerin hält den „Mond“ in der Hand

„Hallo, Mond - du da oben - kannst du mir helfen?“, rief er ganz aufgeregt. Und er erzählte dem Mond von seinem sehnsüchtigsten Wunsch.

„Soso“, antwortete der Mond mit seiner tiefen Stimme, „du wünschst dir also ein zuckersüßes Baby? Meine liebe Schwester, die Sonne, hat mir schon davon erzählt, und ich will dir gerne helfen.“

„Waaas? Du kannst mir helfen?“, schrie Kababa fröhlich und fiel vor Aufregung mitten in eine Pfütze. Nun hatte er eine klatschnasse Hose an, aber das störte ihn wenig. Er bemerkte das kaum, denn sein Herz klopfte vor Aufregung ziemlich laut.

„Nana“, flüsterte der Mond vom Himmel herab. „Nun beruhige dich erst einmal, dann will ich dir erzählen, was du tun mußt, damit sich dein Wunsch bald erfüllen wird.“

Kababa atmete dreimal ganz tief durch, um ein wenig ruhiger zu werden. Inzwischen hatten sich alle Tiere im hellen Mondlicht versammelt. Die glitzernden Schmetterlinge flatterten durch die Nacht, und die Vögel zwitscherten wunderschöne Melodien. Auch Möhrenkopf war unter ihnen. Er freute sich sehr, daß Kababa nicht mehr traurig war. Alle hörten ganz deutlich die Stimme des Mondes: „Kababa, siehst du dort drüben die große Sternenkugel? Sieben Tage und sieben Nächte wird es dauern, dann erklingt eine wunderschöne Melodie. Am Himmel erscheint ein knisterndes Feuerwerk, und dann..... dann liegt dein Baby warm und kuschelig in der Kugel und wartet auf dich.

Und du, Kababa, wirst jetzt sieben Tage und sieben Nächte schlafen, damit du ausgeruht bist. Kababa - Babys sind nämlich sieben Wochen lang sehr anstrengend."

Aufgeregt kuschelte sich Kababa schnell ins Bett. Nach drei Stunden war er endlich eingeschlafen und schlief dann tief und fest sieben Tage und sieben Nächte lang. Und dann - - am achten Tag wurde er vom knisternden Feuerwerk und einer ganz zauberhaften Melodie geweckt.

Erzählerin zündet die Wunderkerze an
und läßt die Klangkugel oder die Flöte erklingen

Kababa bekam eine Gänsehaut. Ganz langsam erinnerte er sich an die Worte des Mondes. Flink sprang er aus seinem Bett heraus und schaute hinüber zur Kugel. Aus allen Fenstern drang helles Licht. Dem Kababa wurde ganz mulmig im Bauch, das kannst du dir sicherlich vorstellen. Er schlich sich ganz vorsichtig an die Kugel heran und schaute mit klopfendem Herzen durchs Fenster. Inmitten

von silbernen und goldenen Kissen lag - ganz klein, süß und zerknittert - sein Baby!

Tja, liebe Kinder, so ist das im Kababa - Land. Da wachsen die Babys in einer Kugel und sind in 7 Tagen fertig. Komisch, nicht? Bei den Menschenkindern sieht das etwas anders aus, aber die wohnen schließlich auch nicht im Land der Träume, sondern in Bielefeld oder Burgdorf oder sonstwo auf der Welt.

Kababa war sprachlos vor Glück! So ähnlich muß es deiner Mama ergangen sein, als sie dich das erste Mal sah.

Kababa hatte vor Freude Tränen in den Augen. Er berührte sein kleines Baby ganz vorsichtig und streichelte seine zerknitterte Nase. Da öffnete das Baby seine Augen und sah Kababa zum ersten Mal. „Hallo, da bin ich, hast du schon lange auf mich gewartet?“ Ganz leise flüsterte das Baby diese Worte. Kleine Kababa - Babys können schon vom ersten Tag an sprechen. Ja, so ist das. Menschenbabys können das nicht, sie schreien oder brabbeln zuerst nur.

Kababa holte sich den kleinen zerknitterten Wuzzel aus den goldenen Kissen, drückte ihn ganz fest an sich und gab ihm einen dicken Kuß mitten ins Gesicht. Vor Freude lachte das Baby ganz laut und kletterte auf Kababas Schulter. „Komm, mein Süßer“, flüsterte Kababa, „jetzt zeige ich dir unser Traumland.“

Kababa ist noch heute sehr glücklich mit Kababy und kümmert sich ganz lieb um ihn. Und am Abend, wenn es dunkel wird, dann kuscheln die beiden sich ganz dicht aneinander, und Kababy schläft geborgen in Kababas Armen ein.

Erzählerin löscht die Teelichter

Entspannungsmusik erklingt zum Abschluß

Basteln

Wir basteln eine Sternen - Kugel

Material:

1 Luftballon
buntes Transparentpapier
Kleister
Teelicht

Ein aufgeblasener Luftballon wird mit mehreren Schichten Transparentpapier eingekleistert und zum Trocknen aufgehängt.

Nach dem Trocknen wird der Luftballon aufgestochen und aus der Transparentpapier - Hülle herausgezogen. Das obere Drittel der Papierkugel wird abgeschnitten, aus der unteren Kugelhälfte werden nun „Sternenfenster" ausgeschnitten - ein Teelicht hineingestellt - fertig!!

Damit die Kugel sicher steht, wird sie auf einen tiefen Teller gestellt, der mit Sand gefüllt ist. Im abgedunkelten Raum leuchtet sie wunderschön.

Basteln

Wir basteln eine Traumlandwolke

Aus blauem Karton schneiden die Kinder eine Wolke aus. Von der einen Seite wird sie mit Watte - Kügelchen beklebt, von der anderen Seite mit Glitzer und Glimmer.

Ein kleines Kababa - Baby - aus schwarzem Tonpapier ausgeschnitten - kann auf die Wolke gesetzt werden.

Tip für Kinder - Geburtstagsfeier zu Hause:

Nach dem Basteln versammeln sich alle zum

Wattepusten:

Schaffen wir es, alle Wolken ins Traumland (=auf das glitzernde Tuch) zu pusten?

Belohnung: eine gebackene Wolke.........(**Rezept**)

Backen

Wir backen Traumlandwolken

Für den Hefeteig brauchst Du
500g Mehl, 200ml Milch, 30g Hefe,
1 Ei, 3 Eßlöffel Zucker, 1 Prise Salz,
Fett für das Backblech

1. Gib das Mehl in eine Schüssel.
2. Erwärme die Milch in einem Topf und löse die Hefe darin auf.
   Diese Mischung gießt du über das Mehl und rührst sie mit dem Knethaken des Rührgeräts ein.
3. Gib das Ei, den Zucker und etwas Salz in die Schüssel. Verrühre alles miteinander.
4. Lasse nun den Hefeteig an einem warmen Platz etwa 30 Minuten gehen.
5. Nun knetest du den Teig nochmals durch. Jetzt ist er fertig und du kannst anfangen, Wolken zu formen.
6. Lege die Wolken auf ein gefettetes Backblech. Heize den Backofen auf 200 Grad vor und backe dann die Wolken etwa 15 Minuten.

Vorbereitung für ...DIE KRÄHE KORA...........

Empfohlene Gegenstände für die Darstellung

Klangkugel od. Glöckchen, schwarzes Tuch, etwas Erde, Teelichter, bunte Federn, evtl. bunte, gekochte Eier oder Rasseleier (s. Anhang)

Atmosphäre

Ein schwarzes Tuch wird ausgelegt. Etwas Erde draufstreuen. Mit einigen Teelichtern die „Landschaft" einkreisen. Den Raum ein wenig abdunkeln.

Die Geschichte von der kleinen Krähe Kora und dem Regenbogen

Kennt ihr schon die Geschichte von der kleinen Krähe Kora? Nein? Na, dann will ich sie euch heute erzählen. Setzt euch alle recht gemütlich hin und schaut aufs schwarze Feld. Wenn ihr genau hinseht und mir gut zuhört, dann könnt ihr euch die Geschichte so gut vorstellen, als würde sie wirklich passieren, hier auf diesem schwarzen Acker.

Hier verbringt die kleine Krähe mit ihren Eltern und einigen Freunden viele Stunden am Tag. Stundenlang picken sie in der schwarzen Erde auf der Suche nach Leckerbissen. Mhmm, am liebsten mögen sie Würmer und Sämereien, aber auch erfrorene Kartoffeln.

Alle Saatkrähen haben ein glänzend schwarzes Federkleid und einen pechschwarzen Schnabel. Auch die kleine Kora - und sie war bisher auch recht glücklich damit. Doch eines Tages schaute Kora schon morgens recht mürrisch aus und sie hatte auch keine rechte Lust, im Erdboden nach Leckerbissen zu suchen. „Kora“, krächzte die Mama, „was ist los mit dir, hast du heute keinen rechten Appetit, du siehst so traurig aus?“ „Ach, Mami“, schluchzte Kora, „warum müssen wir Krähen alle so schwarz aussehen? Ich hätte gerne ein buntes Federkleid mit Federn so gelb wie die Sonne, so blau wie das Meer und so grün wie der Rasen.“ „Aber Kora“, rief die Mutter entsetzt, „Schwarz ist doch die schönste Farbe der Welt. Schau nur, wie unsere Federn in der Sonne glänzen!“ Doch Kora ließ sich nicht trösten, nicht einmal von ihrer Mama.

„Tja“, murmelte die Mama, „da kann dir nur der Regenbogen helfen. Wenn du ihn am Himmel leuchten siehst, dann fliege zu ihm und frage ihn um Rat.“

Sieben Tage mußte Kora warten, dann - es war an einem Mittwoch so gegen zwei Uhr - schien strahlend die Sonne, und gleichzeitig begann es zu regnen. Aufgeregt hüpfte Kora von einer Pfütze zur nächsten und hielt Ausschau nach dem Regenbogen. Und tatsächlich, hoch oben am Himmel bildete sich ein Regenbogen in den schönsten Farben. Kora verabschiedete sich von ihren Eltern und Freunden, verschlang noch schnell einen Regenwurm und flog so schnell sie konnte zum Regenbogen.

Es war ein anstrengender Flug für die kleine Kora, doch nach einer Stunde war sie am Ziel. Der Regenbogen sah recht freundlich aus, ja stell dir vor, er konnte sogar sprechen: „Na, kleine Kora, willst du mich besuchen?“ flüsterte er schmunzelnd. „Lieber Regenbogen“, krächzte Kora, „ich möchte dich um Hilfe bitten. Ich wäre so gern so bunt wie du, hätte gern Federn so gelb wie die Sonne, so blau wie das Meer und so grün wie der Rasen.“

„Kein Problem“, lachte der Regenbogen, „ich gebe dir gerne von meinen Farben ab.“

Eine wunderschöne Melodie erklang -

Erzählerin holt Klangkugel hervor und Federn in den Farbe rot, gelb und blau

und schwupps - verwandelten sich die schwarzen Federn im Nu in bunte!!

Erzählerin zeigt die bunten Federn

Schaut, nun bekommt Kora ein Federkleid so bunt wie diese Federn hier.

„Vielen Dank, lieber Regenbogen“, zwitscherte Kora, „ich bin die glücklichste Krähe auf der Welt und die schönste im ganzen Land.“

Stolz und glücklich flog Kora zu ihrer Familie zurück auf das Feld. Alle warteten schon auf sie. Die Mama hätte sich fast an einem Regenwurm verschluckt, als sie ihr Kind sah. „Juhu“, schrie Kora schon von weitem, „schaut alle, wie hübsch ich bin.“ Sie flog tief über eine Pfütze, um sich noch besser sehen und bewundern zu können.

Ihre Freunde standen ziemlich sprachlos am Ackerrand. Ja, sie sah wirklich sehr hübsch aus, die kleine Kora. Die bunten Federn schillerten in allen Farben. Eine Woche lang war Kora die glücklichste Krähe auf dem ganzen Feld. Jeden Tag flog sie ihre Runden und freute sich, wenn alle sie bewundernd ansahen. Kora war so mit sich und ihrem Aussehen beschäftigt, daß sie kaum noch Zeit für ihre Freunde hatte. Ständig kreiste sie über Pfützen oder trippelte stolz und bunt inmitten der schwarzen Krähenschar umher.

Doch eines Tages wurde Kora von ihren Freunden gar nicht mehr gefragt, ob sie mitspielen wollte. Sie war für alle uninteressant geworden. Denn das Aussehen ist für alte Freunde nicht wichtig. Es ist völlig egal, ob Freunde klein, groß, schwarz, bunt, dick oder dünn aussehen. Aufs gute Herz kommt es an und darauf, ob jemand gute Ideen hat und sich um andere kümmert.

Tja - und gekümmert hatte sich Kora, seitdem sie bunte Federn hatte, nur noch um sich selbst. Sie hatte ihre Freunde völlig vergessen. Aber ein Leben ohne Freunde ist blöd und recht langweilig. Und das merkte dann bald auch die kleine Kora. Niemand sah ihr mehr bewundernd nach, keiner fragte sie um Rat oder beachtete sie. Kora wurde trotz ihrer Schönheit recht traurig und wünschte sich nichts sehnlicher, als ihre alten Freunde wiederzubekommen.

„Na, Koramäuschen“, krächzte eines Tages ihre Mutter, „was ist denn, du siehst so traurig aus?“ „Ach, Mama“, schluchzte Kora, „ich bin zwar die schönste Krähe im ganzen Land, aber was nützt mir das? Ich habe alle meine Freunde verloren. Keiner spielt mehr mit mir, weil ich so schön bin.“

„Nein, nein“, antwortete die Mutter, „so ist es nicht. Nicht, weil du so schön bist, spielt keiner mehr mit dir, sondern weil du für deine Freunde langweilig geworden bist. Du hast dich nur um dich und deine Schönheit gekümmert. Denk mal darüber nach!“

Kora spürte, daß die Mutter recht hatte. Sie wollte sich ändern und dachte sich für ihre Freunde eine nette Überraschung aus. Jeden Tag legte sie ein buntes Ei, um allen Freunden eines zu schenken. Am Montag ein blaues, am Dienstag ein gelbes, am Mittwoch ein rotes....

> Eventuell, insbes. zu Ostern:
>
> Erzählerin holt aus einem Körbchen die bunten Eier oder die Rasseleier und gibt jedem Kind eins.

.... und am Sonntag lud Kora all ihre Freunde zu einem Eierkonzert ein. Donnerwetter, da war aber eine Stimmung auf dem Feld! Und von Tag zu Tag wurde Kora immer beliebter bei ihren Freunden - und das, obwohl sie bunt und nicht so schön glänzend schwarz wie all die anderen Saatkrähen aussah.

Zum Schluß bekommt jedes Kind eine bunte Feder

„.....zur Erinnerung daran, daß Schönheit

nicht das Wichtigste auf der Welt ist.“

Lied

zu der Kora - Geschichte

Melodie nach dem bekannten Lied:
„Wir fahr`n heut mit'm Omnibus"

Text von den Kindern im Kiga Greste

Eier - Rasseln verteilen

1 *Kora die Krähe ist ganz schwarz*
Kora die Krähe ist ganz schwarz
Kora die Krähe ist ganz schwarz
sie mag sich gar nicht leiden

2 *Da sagt die Mama zu dem Kind .....***(3x)**
geh zum Regenbogen ganz geschwind

3 *Der gibt dir was von den Farben ab.....*
das macht er sicherlich gerne

4 *Der Vogel Kora freut sich sehr....*
er fliegt nun bunt umher

5 *Die Farben tun ihr gar nicht gut....*
weil sie jetzt angeben tut

6 *Ich bin jetzt die Schönste im ganzen Land.....*
so hört man den Vogel schreien

7 *Doch bald hatte sie keine Freunde mehr.....*
sie flog allein umher

8 *Kora weinte den ganzen Tag.....*
dann wußte sie, woran es lag

9 *Sie dachte nach und legt dann.....*
ein buntes Ei für jedermann

10 *Die Eier machen tic, tic, tic.....*
rappel, rappel, rappel, pappel, tic, tic!

In diesem Kindergarten
ist das Lied zu einem richtigen „Hit“ geworden. Das wohl schon deshalb, weil die Kinder stolz darauf sind, es (mit Hilfe der Erzieherinnen) selbst gedichtet zu haben.

Sicher haben auch Ihre Kinder Ideen für ein paar Verse ....

Spielidee für den Stuhlkreis

Das Federspiel

In der Mitte steht ein großer Korb mit bunten Bastelfedern.
Jedes Kind darf sich eine Feder in der Farbe seines Pullovers (Kleid, etc...) herausnehmen.
Ein Kind geht hinaus vor die Tür. Alle Kinder verstecken die Federn unter ihren Pullovern. Nur bei einem Kind befindet sich die Feder sichtbar auf dem Pullover. Na?, findet das hereingerufene Kind diese Kora - Feder? (Dieses Federspiel ist gar nicht so leicht, die Kinder müssen schon sehr genau hinsehen)

Das nächste Kind geht hinaus, und das Spiel wird wiederholt.

Basteln

Wir basteln eine Krähe

Material:

schwarzes Tonpapier	Malstifte
bunte Federn	Kleber
kleine Perlen oder Knöpfe	
Wolle	

Die Kinder zeichnen auf das Tonpapier einen Vogel, den sie anschließend ausschneiden. Dann wird er mit bunten Federn beklebt. Perlen oder Knöpfe als Augen aufkleben oder festnähen.

Wer möchte, kann den Vogel zusätzlich bemalen oder ihn mit Glitter verzieren.

Mit einem Wollfaden kann die Krähe bewegt oder aufgehängt werden.

Clarissa und Stine
Eine Geschichte zu den Themen Konsum, Freundschaft

Vorbereitung

Empfohlene Gegenstände
2 goldfarbene Tücher; 1.: 80x80cm, 2.: kleiner,
Teelichter, 1 Lumpenpuppe unter einem
Tuch versteckt, (siehe Anhang „THEATER“)
Mundharmonika od. Flöte od. Rasseln,
beliebige versch. Spielsachen: z.B. Plastiktiere,
Barbiepuppe, Batterieroboter, Kuscheltier.

Atmosphäre

Aus kuscheligen Kissen einen Kreis legen.
In der Mitte liegt ein Stück goldener Stoff.
Darauf brennende Teelichter stellen.

Clarissa und Stine

Es war einmal ein kleines Mädchen. Es hieß Clarissa und hatte in seinem ganzen Leben noch niemals gelacht. Dabei hatte es alles, was das Herz begehrte: ein Kinderzimmer voll von wunderschönen Spielsachen. Die Regale waren gefüllt mit vielen niedlichen Kuscheltieren. Auf dem Fußboden standen große Kästen voller Spielsachen. Clarissa besaß Bauklötze in allen Farben und Puppen in jeder Größe. Ja, manch einer kann davon nur träumen! Sogar einen silbernen Puppenwagen besaß sie - mit goldenen Kissen und Decken.

Schaut - aus diesem schönen Stoff sind die Kissen und Decken genäht.

> Erzählerin zeigt den Kindern den goldenen Stoff.
> Alle dürfen ihn mal anfassen.

Aber nicht nur ihr Kinderzimmer war so prächtig, auch das Wohnzimmer war wunderhübsch, mit goldenen Tischen und Stühlen und Tapeten, die wie ein Regenbogen schimmerten.

Und dennoch konnte sich Clarissa niemals so richtig freuen. Sie wurde sogar von Tag zu Tag trauriger. Mama und Papa machten sich sehr große Sorgen um sie und schenkten ihr jeden Tag neues Spielzeug, damit Clarissa einmal von Herzen lachen und sich freuen konnte.

Am Montag eine Barbie - Puppe......

Erzählerin holt die Spielsachen nach und nach unter dem Tuch hervor und zeigt sie den Kindern......

......am Dienstag ein Kuscheltier, am Mittwoch.........

Aber Clarissa lachte nicht und essen konnte sie bald auch nicht mehr so recht.

Eines Tages - Mama und Papa waren bei der Oma - da klopfte es an der Haustür. Clarissa öffnete, und vor ihr stand ein kleines Mädchen. Es hatte einen zerrissenen Rock und einen viel zu großen dunkelbraunen Pullover an. In den Händen hielt es zwei zerlumpte Stoffpuppen.

„Hallo, Clarissa", sagte das Mädchen fröhlich, „ich bin die Stine und möchte dich gerne mal besuchen." Clarissa schaute das Mädchen erschrocken von oben bis unten an. „Woher kommst du denn", stotterte sie, „und warum bist du so schmutzig?"

„Na, ist doch klar, daß ich schmutzig bin, schließlich klettere ich jeden Tag auf Bäume und spiele so gerne mit Wasser und Matsche. Wie kann ich da sauber bleiben?" erwiderte Stine keck. „Kennen tue ich dich eigentlich nicht, aber ich sehe dich oft mit deinem Puppenwagen über die Gartenwege schieben und du siehst immer so traurig aus."

„Komm doch rein!", sprach Clarissa, „ich zeige dir mein Kinderzimmer. Schau nur, wie viele Spielsachen ich habe!" „BLITZ und DONNER!" rief Stine, „so viele hübsche Sachen habe ich noch nie gesehen. Aber welche ist denn deine Lieblingspuppe?" Clarissa flüsterte: „Ich habe keine Lieblingspuppe, ich mag sie alle ganz gerne."

„Schau mal, Clarissa, dies sind meine zuckersüßen Puppenbabys. Meine Mama hat sie aus einer alten Schürze für mich genäht.“ Stine hielt stolz ihre beiden völlig zerlumpten und schmutzigen Puppen hoch und zeigte sie begeistert Clarissa.

Erzählerin holt die Lumpenpuppe unter dem Tuch hervor und zeigt sie den Kindern

„Oh, Stine“, rief Clarissa, „die sehen ja auch so schmutzig und zerrissen aus, und die riechen so komisch.“

„Na klar“, lachte Stine laut, „die kommen ja auch immer mit, wenn ich draußen spiele. Auf die höchsten Bäume sind sie schon geklettert und mit mir über die tiefsten Pfützen gesprungen. Sie haben mit mir schon im Moos gelegen und sich mit den Tieren des Waldes unterhalten. Wie können sie da sauber bleiben?“ Das sah Clarissa ein und sie beneidete Stine ein ganz klein wenig um ihre schmutzigen, zotteligen Püppchen. Was die schon alles erlebt hatten! Sie selbst fuhr mit ihrem Puppenwagen nur auf den Steinwegen im Garten.

„Weißt du was?“, schrie Stine begeistert, „komm doch mal mit, dann zeige ich dir den Wald und die Wiese hinter dem Haus, mit all den Pflanzen und Tieren.“ „Oh ja“, rief Clarissa begeistert, „ich frag gleich mal Mama und Papa, wenn sie von meiner Oma zurückkommen.“

Die Mama erschrak sich zunächst sehr, als sie die zerstrubbelte Stine sah, doch sie merkte sehr bald, daß Stine ein recht nettes Mädchen war - voller Freude und Fröhlichkeit. Und so erlaubte sie dann auch Clarissas Herzenswunsch.

Gemeinsam mit Stine unternahm Clarissa dann einen abenteuerlichen Ausflug durch den naheliegenden Wald. Welch ein Erlebnis für Clarissa! Bisher war sie nur immer mit Mama und Papa spazierengegangen, und da sie stets schöne, schillernde Kleider trug, achtete sie immer sehr darauf, daß sie nicht schmutzig wurden. Doch an diesem Nachmittag dachte sie nicht daran. Sie kletterten auf Bäume, schlüpften durch die Büsche und lagen im Moos, um den unterschiedlichsten Tierstimmen zu lauschen.

Die Vögel zwitscherten, die Mücken summten.......es klang wie Musik in den Ohren der beiden.......

Erzählerin holt eine Blockflöte oder Mundharmonika hervor, spielt eine beliebige langsame Melodie, oder läßt beliebige, lange Töne bzw. Akkorde erklingen

Klar, daß Clarissa am Abend auch so schmutzig und zerzaust aussah wie ihre neue Freundin Stine. Doch das machte ihr gar nichts aus. Sie war GLÜCKLICH!! Und als dann eines Tages Stine ihr eines ihrer Lumpenpüppchen schenkte, da war Clarissa das glücklichste Mädchen weit und breit und sie lachte so laut, daß alle Leute im Dorf sie hören konnten.

Hörst du sie auch?............

Gespräch

Die Erzählerin holt noch einmal das Lumpenpüppchen hervor und zeigt es den Kindern.

Das ist der Einstieg zu dem Gespräch.

Ziel sollte es sein, den Kindern zu vermitteln, daß nicht der wahllose Konsum – immer mehr, immer neue Spielsachen – glücklich macht, sondern daß auch kleine, einfache Dinge – wie hier eine „Lumpenpuppe"– den Kindern unbeschreiblich viel Freude machen können. Die Kinder selbst bringen die Bereitschaft mit – nur werden sie heute durch den Ansturm all der vielen Dinge und Medien oft „überfahren." Wir können sie aber anleiten und ihnen dabei helfen, die Natur zu entdecken und all die Dinge, die in ihr verborgen sind und mit denen das Kind sich beschäftigen kann. Das ist nicht nur wichtig für dessen Entwicklung, sondern es macht auch Spaß: auf einen Baum zu klettern, nach Herzenslust in Matsche und Pfützen zu spielen oder glücklich im weichen Moos zu liegen!

Nach dem Gespräch singen wir ein passendes

Abschlußlied.

(Text des Liedes im Anhang des Theatertextes)

Theater

Clarissa

Aus dem Kindergarten der Autorin:

*Wir wollten zum Thema **KONSUM** einen Elternabend veranstalten, aber dabei vermeiden, als Pädagogen trocken und belehrend daherzukommen. So ein Abend läßt sich bunt und lustig gestalten - eine Theateraufführung durch die Mitglieder unseres Teams ist eine von vielen guten Möglichkeiten. Der Aufwand und die Vorbereitungen halten sich in Grenzen und alle haben viel Spaß dabei.*

Am Morgen darauf spielten wir es noch einmal für unsere Kiga - Kinder.

Das Theaterstück zu **Clarissa** *habe ich zum Nachspielen aufgeschrieben.*

Bühnenbild

Auf der linken Seite sehen wir ein Kinderzimmer - mit Spielsachen total überfüllt. Puppen und Kuscheltiere sitzen dichtgedrängt im Regal. Körbe und Kisten voller Spielsachen stehen auf dem Boden.

Auf der rechten Seite entdecken wir das Wohnzimmer. Es ist ausgestattet mit goldenen Tischen und Stühlen, dickem Teppich und edlen Bildern an den Wänden.

Eine Tür führt in den Garten.

Die Geschichte spielt in einer Villa in Glückshausen.

Zweige liegen unter den Stühlen im Zuschauerbereich.

Vorhang auf........

Sprecher: Herzlich willkommen, ihr kleinen und großen Leute! Macht's euch recht gemütlich auf euren Plätzen, denn wir haben unsere Turnhalle heute in ein wunderschönes Menschentheater verwandelt, um euch ein spannendes Theaterstück vorzuspielen.
Aber zunächst muß ich euch etwas Trauriges erzählen. Seht mal, dort im Kinderzimmer sitzt die kleine Clarissa. Sie hat wirklich alles was sie braucht; wunderschöne Puppen mit goldenen Haaren, ein Barbiehaus, einen Kassettenrecorder, sogar im Wohnzimmer hat die Familie Tisch und Stühle aus purem Gold. Alles glänzt und blitzt. Doch die kleine Clarissa kann einfach nicht lachen! Sie ist immer traurig. Dabei hat sie die schönsten Kleider an - mit Gold und Glimmer besetzt - und sie wohnt in einer zauberhaften Villa in Glückshausen.

Versteht ihr, warum das Kind trotzdem nicht fröhlich ist??

Tja - und darum haben wir euch heute eingeladen. Vielleicht schafft es ja heute jemand, die niedliche Clarissa zum Lachen zu bringen?

So - jetzt habe ich genug erzählt, seid schön leise und hört gut zu!!

Clarissa sitzt im Kinderzimmer und kämmt lustlos ihre Puppe. Sie hat ein wunderschönes Kleid an; mit Gold und Glimmer besetzt.
Die Mutter deckt im Wohnzimmer den goldenen Tisch.

Mutter: Clarissa!! Meine Süße! Kommst du bitte zum Mittagessen? Es gibt Filet mit Sahnesoße.

Zum Publikum: Mhmm, Filet - das beste Stück vom Schwein. Für meine Tochter ist nur das Beste gut genug!

Clarissa: Ja, Mama, ich komme!

Sie kommt ins Wohnzimmer und setzt sich an den gedeckten Tisch.

Mutter: Wo der Papa nur bleibt? Wir wollen doch alle gemeinsam gemütlich essen.

zum Publikum: Sicherlich poliert er wieder Clarissas Puppenwagen. Wißt ihr, Kinder, Clarissas Puppenwagen ist nämlich aus purem Gold. Er glänzt wunderschön in der Sonne. Für unsere Kleine ist uns nämlich nichts gut genug!

Vater kommt herein.

Vater:	So. mein kleiner Schatz, dein Puppenwagen ist sauber poliert.
Zum Publikum:	Ganz beschmutzt war er, meine Clarissa ist damit mal wieder durch eine Pfütze gefahren.
Zu Clarissa:	Da paßt du demnächst besser auf, ja? Im Garten gibt es so schöne Steinwege, du mußt nicht immer durch die Pfützen fahren.
Clarissa:	Ja, Papa, ich passe morgen besser auf.
Mutter:	So, nun laßt es euch schön schmecken.

Alle essen schweigend.

Mutter zu Clarissa:	Na, mein Engelchen, schmeckt es dir auch?
Zum Publikum:	Wir geben uns immer solche Mühe mit dem Kochen, da könnte sich das Kind doch wirklich mal freuen. Jeden Tag gibt es ein dickes Stück Fleisch und duftendes Gemüse. Aber unsere Clarissa guckt immerzu traurig.
Vater zu Publikum:	Ich verstehe das auch nicht. Das Kind hat es so gut bei uns. Wir lieben es sehr und tun alles dafür. Aber sie kann einfach nicht lachen.
Mutter zum Publikum:	Clarissa hat doch wirklich alles, sogar einen eigenen Kassettenrecorder hat sie! Nachmittags bringe ich sie sogar zum Schwimmkurs und manchmal sogar zum Ballett in die Halle. Und trotzdem ist sie so traurig.
Mutter zum Publikum:	Versteht ihr das?

Alle essen weiter.

Es klopft und vor der Tür steht Großmutter. Sie hat ein riesiges Paket im Arm. Clarissa rennt zur Oma und drückt sie ganz fest.

Clarissa: Hallo, Oma, schön, daß du gekommen bist!

Großmutter: Hallo, mein Schnuckelmäuschen, niedlich siehst du aus. Ich habe dir auch eine Kleinigkeit mitgebracht.

Clarissa: Danke, Großmutter, herzlichen Dank!

Sie packt das Päckchen aus - ein Barbieauto kommt zum Vorschein. Clarissa geht in ihr Zimmer und spielt gelangweilt mit dem Auto...."brmmmm, brmmm.."

Mutter: Oma, komm, wir wollen dir mal den Garten zeigen, meine Rosenzucht ist wirklich wunderschön!

Papa, Mama und Großmutter gehen in den Garten.

Da klopft es plötzlich an der Tür. Clarissa öffnet - und ein fremdes Mädchen mit schmutziger, zerrissener Kleidung steht vor der Tür. Sie hat zwei zerlumpte Püppchen in der Hand.

Clarissa: Ja, wer bist du denn? Wo kommst du denn her - du bist ja ganz schmutzig!

Stine (keck): Ich bin die Stine und ich bin vorhin im Wald auf einen Baum geklettert, darum ist mein Rock zerrissen und ich bin schmutzig geworden. Aber das macht nix!

Clarissa: Und warum willst du mich besuchen? Du kennst mich doch gar nicht.

Stine: Doch, ich kenne dich; ich beobachte dich manchmal durch den Gartenzaun, wenn du mit deinem goldenen Wagen durch die Beete gehst. Du siehst immer so traurig aus. Ich habe dich noch nie lachen gesehen.

Clarissa: Komm doch rein - ich zeige dir mein Kinderzimmer. Guck mal, meine vielen Puppen!

Stine: Oh, Blitz und Donner, was hast du für viele Sachen! Wo steckt denn dein Lieblings - Püppchen?

Clarissa: Och - weiß nicht - sind alle ganz nett.......

Stine zeigt der Clarissa ihre beiden Lumpenkasper.

Stine: Schau mal, ich habe nur zwei Puppen, ich liebe sie über alles!

Clarissa: Die sind ja ganz schmuddelig!

Stine: Na klar, die beiden kommen ja auch immer mit, wenn ich durch Wiesen und Wälder streife. Sie spielen mit mir in den Pfützen und sind meine besten Freunde.

Clarissa: Darf ich die zwei mal halten? Sie sehen so abenteuerlich aus, bestimmt haben sie schon viel erlebt.

Stine:	Na klar, sind sie nicht süß, meine beiden Stinkerchen? Die hat meine Mutti mir genäht. Und aus einer alten Obstkiste hat sie ein Bettchen gezimmert. Da kommen sie abends immer rein.

Vater, Mutter und Großmutter kommen herein.

Mutter zum Publikum:	Nanu, wer ist denn das? Das Kind sieht ja ziemlich schmutzig aus. Kümmert sich denn keiner darum?

Vater räumt den Wohnzimmertisch ab. Großmutter setzt sich hin und strickt. Mutter geht ins Kinderzimmer.

Mutter:	Hallo, na, wen haben wir denn da?
Stine:	Guten Tag, ich bin doch die Stine!
Clarissa (lebhaft):	Mama, das ist meine Freundin, wir spielen zusammen.
Tina, zu Mutter:	Darf die Clarissa ein wenig mit mir hinaus in den Wald?
Clarissa:	Bitte, Mama, ich möchte mit Stine spazierengehen!
Mutter (schockiert):	Was? Du willst aus dem Garten heraus? Das ist doch viel zu gefährlich!!
Stine:	Ich bin doch bei ihr, ich will ihr den Wald, die Vögel und Pflanzen zeigen.
Clarissa:	Oh, bitte, Mama, darf ich mit?

Mutter: Ich weiß nicht, meine Süße, es ist besser, du bleibst immer schön in unserem Garten auf den Steinwegen....

zum Publikum ...oder was meint ihr? Soll ich meiner Clarissa erlauben, mit Stine den Garten zu verlassen?

Publikum: (hoffentlich!....): Ja, ja, ja, ja.....

Mutter: Na gut, paßt aber auf euch auf!

Stine: Clarissa, warst du schon mal im Herbstwald und hast die Bäume im Wind schaukeln sehen?

Clarissa: Nein.

Stine nimmt sie an die Hand und sie gehen quer durchs Publikum.

Sprecher: Jeder von euch ist nun ein Baum, eine Birke, Buche oder Eiche. Ein leichter Wind weht - und ihr bewegt euch sanft hin und her.

Die Zuschauer holen die zuvor unter den Stühlen versteckten Zweige hervor und wiegen sich mit diesen hin und her.

Stine und Clarissa bahnen sich einen Weg durch den Wald. Zarte Musik ertönt und Clarissas Augen leuchten.

Wieder zu Hause angekommen, beginnt es draußen zu regnen.
Alle Zuschauer trommeln mit ihren Fingern auf die Stühle oder die Stuhllehnen vor ihnen.

Stine: Na, war das schön?

Clarissa: Das war wunderschön, und ich will bald wieder mit dir durch den Wald gehen. - Soll ich uns jetzt eine schöne Musikkassette anmachen?

Stine: Clarissa, hast du schon mal einen Kinderchor gehört; ich meine einen echten, nicht den von einer Kassette?

Clarissa (begeistert): In echt, du meinst richtige Musik, die nicht von einer Kassette kommt? Nein, Stine, das habe ich noch nie gehört!

Stine: Na, dann paß mal gut auf!

Sprecher verteilt Rasseln und **Liedtexte für ein einfaches Kinderlied.**

Sprecher: Jetzt wollen wir der Clarissa mal zeigen, wie sich echte Musik anhört.

Alle singen, rasseln und klatschen.
(Der Spaß ist sicher größer als der musikalische Genuß.)
Clarissa und Stine tanzen übermütig dazu.

Clarissa: Oh, Stine, du bist meine liebste Freundin der Welt, ich freue mich so, daß wir uns kennengelernt haben.

Sie lacht und jubelt.

Stine, zeigt zum Fenster: Oh, schau mal, es hat aufgehört zu regnen. Wollen wir uns im Wald das Vogelgezwitscher anhören?

Clarissa:	Oh ja! Ich liebe den Wald! All die Tiere, und die Pflanzen!
Sprecher:	Ihr seid nun wieder die Bäume. Und alle Zuschauer, die pfeifen können, trällern Vogelstimmen!

Die Zuschauer nehmen wieder die Zweige in die Hand, wiegen sich im Wind und pfeifen dazu.
Clarissa und Stine gehen durch den „Wald“ und freuen sich. Die Eltern und die Großmutter begleiten sie.

Stine:	Schau mal, ein Eichhörnchen in seinem Kobel! Und sieh mal dort: eine Igelfamilie rollt sich im Laub ein.
Clarissa:	Und da hoppelt eine Hasenfamilie! Wie niedlich!

Sie kommen langsam wieder nach Hause.

Stine:	Du, Clarissa, du bist so lieb! Ich schenke dir einen Lumpenkasper.

Clarissa nimmt Stine in den Arm und lacht vor Freude.

Clarissa:	Das ist das allerschönste Geschenk. Ich hab ihn soooo lieb!
Mutter:	Clarissa, Clarissa, du lachst ja! Vater, Vater, schau, unsere Clarissa lacht!
Vater:	Oh, wie bin ich froh!

Er nimmt Clarissa in die Arme und drückt sie an sich.

Clarissa: Mama, Papa, ich habe den Wald entdeckt, ich habe eine Freundin gefunden und den süßen Lumpenkasper geschenkt bekommen. Ich bin soooo glücklich! Von meinen Spielsachen möchte ich gerne etwas abgeben; ich brauche nicht so viel. Ich brauche auch keinen goldenen Puppenwagen, sondern einen, den ich durch die Pfützen schieben und über den Waldboden rollen kann. Und ich möchte auch so schöne alte Sachen anziehen wie meine Freundin Stine, damit ich auf Bäume klettern und durch Büsche kriechen kann.

Mutter: Ja, irgendwie verstehe ich dich. Weißt du was? Ich baue dir aus einer alten Obstkiste ein Bettchen für deinen Lumpenkasper, schließlich soll er es gut bei uns haben.

Clarissa: Oh ja! Danke, Mama, ich freue mich so!

Mutter und Vater; zum Publikum: Na, gottseidank, endlich ist sie glücklich! Wir haben es doch immer nur gut gemeint! Aber nun sagen wir euch:

Hier wird sich einiges ändern!!!

Verbeugungen (oder kleines Schild: ENDE)

Applaus??????

Ausklang:

Sprecher: Wir hoffen, euch allen hat das Stück gefallen. Gerne diskutieren wir mit den Erwachsenen; aber auch mit den Kindern in den nächsten Tagen über den Inhalt.
Allen Kindern bieten wir in den nächsten Tagen an, mit uns einen Lumpenkasper zu basteln. Wer eine Obstkiste auftreiben kann, darf sich ein schönes Bettchen fürs Püppchen daraus basteln!

Nun wollen wir, bevor wir auseinandergehen, noch ein **Abschlußlied** singen.

Text für das Lied und Rasseln werden verteilt.
Der Text steht als Kopiervorlage auf Seite 79.

Kurze Bastelhilfe für den **„Lumpenkasper“**

Aus Stoffresten zu nähen:

2 Teile zusammennähen,
Hülle mit Watte stopfen,
Gesicht aufmalen, Puppe mit Tüchern umwickeln,
dicke Wolle als Haare aufkleben.

Lied

Melodie: Wir Kindergartenkinder, wir sind vergnügt und froh....

Wir Kindergartenkinder, wir spielen gern im Dreck,
wir toben durch die Büsche, das gibt schon mal ‘nen Fleck.
Heidi, heido, heidi, heido -
wir Kinder, wir sind nun einmal so.

Wir klettern gern auf Bäume, das können wir schon gut.
Wir woll`n die Welt entdecken und haben ganz viel Mut.
Heidi, heido...

Wir matschen in der Matsche und sitzen mittendrin,
wir winken uns`ren Freunden zu: kommt doch auch hierhin.
Heidi, heido....

Wir lieben unser Kuscheltier und bringen es oft mit,
wir zeigen ihm die große Welt, die uns so gut gefällt.
Heidi, heido....

Und morgen in der Frühe, da basteln wir uns auch
`ne kleine Lumpenpuppe mit kunterbuntem Bauch.
Heidi, heido....

Vorbereitung für DIE SCHNEEPRINZESSIN

Empfohlene Gegenstände für die Darstellung

Handpuppen: Prinzessin, Wichtelmännchen, weißes Tuch, Duftpuder (Schnee), Klangkugeln, 1 Teelöffel für jedes Kind, Schokoladen - Pudding, evtl. (Papp-?)Häuschen als „Schloß“, Tannenzapfen, Wurzeln, Moos, Holztiere, Watte, Entspannungsmusik, Teelichter.

Atmosphäre:

Ein weißes Tuch wird ausgebreitet und mit Zapfen, Wurzeln, Moos, Holztieren und Watte bestückt. Einzelne Teelichter werden aufgestellt - dann können sich Erzähler und Kind(er) am Rand der Landschaft niederlassen.

☞ Vorsicht: Eimer mit Wasser in Reichweite stellen, falls Watte in Brand gerät.

Die Schneeprinzessin

Ein winterliches Märchen

Ganz weit weg von hier, im hohen Norden, wo die Winter lang und grimmig kalt sind, lebte einmal eine wunderschöne Prinzessin. Sie hatte goldene Haare und trug die feinsten Kleider in den schillerndsten Farben. Sie lebte mit ihrer Mutter, der berühmten Königin von Schneehausen, in einem goldenen Schloß direkt am Waldesrand. Das Schloß hatte drei goldene Türme und eine große, knarrende Eingangstür. Tagelang hatte es kräftig geschneit, und das ganze Land war mit Schnee bedeckt. Dicke Eiszapfen hingen an den Fenstern des Schlosses.

Die Königin war eine sehr strenge Frau und die Schneeprinzessin ein recht wildes Kind. Alle Leute in ganzen Land mußten für die Königin arbeiten, jeden Tag viele Stunden lang.

Die Königin mochte nämlich keinen Schnee. Absolut nicht!!

An dieser Stelle könnte eine Handpuppe eingesetzt werden

„Mein Land soll frei sein vom Schnee“, rief sie schon am frühen Morgen, und alle Leute, die kräftige Arme und Beine hatten, bekamen von ihr einen Schneeschieber, um den Schnee fortzuschieben. Die Königin aber saß den ganzen Tag mit ihrem prächtigen grünen Samtkleid auf dem Thron und wünschte sich nichts sehnlicher, als daß ihr Land bald frei sein würde -- frei von dem gräßlichen weißen Schnee.

Zunächst taten die Leute ihr gern den Gefallen. Sie schoben mit dem Schneeschieber sämtlichen Schnee aus dem Land heraus und freuten sich sehr, wenn die Königin sie dann am Abend lobte und alle fleißigen Leute zum Puddingessen ins Schloß einlud.

Möchtet ihr wissen, wie lecker der Pudding geschmeckt hat?

Die Kinder bekommen einen Löffel Pudding

„Hmm -- lecker!!“

Die kleine Prinzessin jedoch liebte den Winter über alles. Der Schnee konnte ihr nicht hoch genug, die Eiszapfen nicht lang genug sein. „Mama, Schnee ist doch wunderschön, er ist weich wie Watte und glitzert in der Wintersonne. Mama, warum magst du denn den Schnee nicht?“, fragte die kleine Schneeprinzessin fast jeden Morgen ihre Mutter.

Und die strenge Königin antwortete jeden Morgen: „Mein liebes Kind, meinst du, ich möchte mit meinen Stöckelschuhen durch den Schnee trippeln und vielleicht ausrutschen? Nein, der Schnee muß weg! Beeile dich, denn auch du mußt helfen, den Schnee beiseite zu schieben. Es hat wieder die ganze Nacht geschneit.!“

Schaut, Kinder, noch immer schneit es!

Mit der Puderdose „Schnee“ auf die ausgestreckten
Hände der Kinder streuen........,
dabei erklingt Entspannungsmusik (Kassette).

Traurig setzte sich die kleine Prinzessin ihre Mütze auf, band sich den silbernen Schal um und ging hinaus, um den Leuten zu helfen. Alle waren schon fleißig, denn an diesem Morgen lag der Schnee mindestens 30 Zentimeter hoch. Phuuu -- war das anstrengend!

Am Abend war die Arbeit getan und alle Leute trafen sich wieder zum Puddingessen im Schloß. Doch sie waren nicht stolz darauf, soviel geschafft zu haben. Einige Leute murrten sogar. Ihnen tat der Rücken weh von der schweren Arbeit. „Warum sollen wir jeden Tag Schnee schieben, wenn es nachts kräftig schneit und am nächsten Tag sowieso das Land wieder mit Schnee bedeckt ist?" Sie wurden unzufrieden, selbst der leckere Pudding schmeckte ihnen nicht mehr. Die kleine Schneeprinzessin war natürlich genauso traurig und wütend wie all die Leute aus Schneehausen. Doch niemand konnte die mächtige Königin überreden, den Schnee liegenzulassen.

„NEIN, NEIN und nochmals NEIN", rief sie. „Ich mag keinen Schnee! Meine goldenen Stöckelschuhe gehen kaputt, wenn ich durch den Schnee trippel. Außerdem ist Schnee langweilig, sehr langweilig. Also: alle Leute an die Arbeit! Weitermachen!" Du kannst Dir sicher vorstellen, wie mürrisch und zornig die Leute da wurden. In ganz Schneehausen gab es kein glückliches Wesen mehr. Selbst die Tiere im Wald waren nicht glücklich, denn sie wurden jeden Tag in ihrer Winterruhe gestört.

Da zog eines Tages ein Schuster mit seinen vier Wichtelkindern in das Dorf am Waldrand von Schneehausen. Da sie recht arm waren und nur wenige Groschen besaßen, bauten sie sich ein Häuschen aus Schnee. Am frühen Morgen lag ja reichlich davon in Schneehausen. Die kleine Prinzessin, die am frühen Morgen zufällig aus ihrem Kinderzimmerfenster sah, beobachtete die vier Wichtelkinder, wie sie emsig und mit hochroten Köpfen ihrem Vater beim Bau des Schneehauses halfen. Das ist ja toll, dachte die

Prinzessin, sprang aus dem Bett und schlüpfte schnell aus ihrem goldenen Nachthemd. Flink zog sie sich an und rannte mit schnellen Schritten zum Waldesrand, um die neue Familie zu begrüßen.

Mittlerweile stand das Schneehaus schon fix und fertig da. Drinnen hatten es sich die Wichtelkinder schon richtig gemütlich gemacht. „Guten Morgen“, rief die Prinzessin den Wichtelkindern zu, „so etwas Schönes aus Schnee habe ich ja noch nie gesehen!“

Wichtelmännchen als Puppe einsetzen

„Guten Morgen, Prinzessin“, antworteten die Wichtelkinder. „Wir können noch ganz andere Sachen aus Schnee bauen. Unser kleinster Bruder baut die dicksten Schneemänner von der ganzen Welt“, prahlte eines der Wichtelkinder.

Die Prinzessin bekam vor Staunen den Mund nicht mehr zu. „Schneemänner?? Was sind denn das für Leute?“ fragte sie. Naja, das konnte sie ja auch nicht wissen. Ihre Mutter, die berühmte Königin, ließ ja immer den Schnee aus dem Land schaffen. Noch nie hatte bis dahin ein Kind mit dem Schnee spielen können.

Der kleine Wichtel rollte im Nu eine dicke Schneekugel, dann die nächste...... und ruck, zuck stand ein wunderschöner dicker Schneemann vor ihnen! Der Vater kam schmunzelnd aus dem Haus und rief: „Ja, ja, unser Kleinster, er könnte stundenlang Schneemänner bauen.“ Dann setzte er dem Schneemann noch seinen alten Hut auf den Kopf und alle tanzten fröhlich um ihn herum.

Und da - oh Schreck! - stand plötzlich die mächtige Königin mit ihrem dunkelgrünen Samtkleid und der goldenen Krone vor ihnen. Sie hatte gerade wieder an alle Leute im ganzen Land die Schneeschieber verteilt und laut gerufen: „Alle an die Arbeit! Befreit mein Land vom Schnee, aber schnell!!“ Sie trat näher an das Häuschen und an den Schneemann heran. Auch ihr stand vor Staunen der Mund offen. „Ist das aus SCHNEE gemacht?“, fragte sie. „Na klar“, antworteten die Wichtelkinder wie aus einem Mund. „Komm doch herein, liebe Königin, es ist ganz warm hier drinnen.“ Oh, wie gemütlich es in dem Häuschen aussah!

Viele bunte Decken schmückten den Boden. „Und hier, liebe Königin, steht unser Schlitten. Wollen wir zusammen eine Schlittenfahrt durch den Winterwald machen? Dann könnten wir die Tiere begrüßen.“ „Eine Schlittenfahrt?“ , fragte die Königin. Sie hatte noch niemals auf einem Schlitten gesessen. Ist ja auch kein Wunder, schließlich wurde der Schnee ja auch regelmäßig aus dem Land hinausgeschoben.

Vorsichtig setzte sich die Königin auf den Schlitten. Die Wichtel deckten sie mit einer warmen Decke zu und dann ging es los. Hui - wie herrlich! Eine Fahrt durch den Winterwald!

Klangkugeln oder Schellen einsetzen

Hörst du die Glocken des Schlittens?

Die Tiere schauten ziemlich verdutzt, als sie die mächtige Königin mit dem dunkelgrünen Samtkleid und der goldenen Krone vorbeirauschen sahen. Bis weit hinaus aus dem Land Schneehausen konnten alle Leute die Königin vor Vergnügen kreischen hören. Nach und nach stellten die Leute ihre Schneeschieber beiseite. „Ist das die Stimme der mächtigen Königin?“, flüsterten sie. Ja, und dann kam sie aus dem Winterwald zurück.

„Halt! Halt!“, schrie sie schon von weitem, „halt, laßt den Schnee liegen, bitte! Schnee ist doch soo schön!“.....Du kannst dir sicher vorstellen, wie überrascht die Leute da waren. Der kleinste der Wichtelmänner baute im Nu den nächsten dicken runden Schneemann und bald rollten alle Kinder, die schon kräftige Arme und Beine hatten, viele dicke Schneekugeln, die sie zu netten Schneemännern zusammensetzten. Bald standen mehr Schneemänner als Leute in Schneehausen. Der Schuster hatte noch ein Paar dick gefütterte Winterstiefel in seinem Schneehaus. Er reichte sie der Königin. „Hier, die schenke ich dir, damit du wie all die anderen Leute durch den Schnee stapfen kannst.“ Freudig zog die mächtige Königin die Stiefel an und forderte alle Leute auf, Schneemänner zu bauen. War das eine Freude in Schneehausen! Die kleine Schneeprinzessin warf sich vor Übermut in den Schnee....

Unser Land wird ab heute „SCHNEEMANNSHAUSEN“ heißen“, rief die mächtige Königin. „Und daß mir niemand mehr den Schnee aus dem Land hinausschiebt!“

Abends lud sie alle Leute zum Puddingessen ins Schloß ein, und stell dir vor, allen hat es wunderbar geschmeckt....

DIR AUCH?.......

Zum Abschluß gibt es noch einmal eine kleine Portion Pudding zum Probieren

Basteln

Bastelhilfen für die SCHNEEKÖNIGIN

Die Königin und auch die Prinzessin lassen sich hervorragend aus einem Holzlöffel, glitzernden Stoffen, Spitzen, Borten und Wolle herstellen. Wer die kleinen Wichtelkinder beim Erzählen ins Spiel bringen möchte, kann sie im Nu zuschneiden und nähen oder stricken. Näheres dazu ist im Anhang zu finden.

Wir bauen ein IGLU

aus Würfelzucker und Puderzucker - „Mörtel“

„Mörtel“: Puderzucker mit Wasser zur Klebemasse anrühren.

Die Zuckerstückchen werden wie Steine aufeinandergesetzt und mit dem „Mörtel“ verklebt. Oben etwas auflassen - dann kann man ein Teelicht hineinstellen; sieht im Dunkeln schön romantisch aus.

Fingerspiel und Bewegungsspiel vom Schuster

Das ist der Schuster, er zog nach Schneehausen	**Daumen**
Das ist der Wuzzi, hat im Kopf nur Flausen	**Zeigefinger**
Der Große hier, ist der älteste Wicht	**Mittelfinger**
Dagegen ist Muzzi ein Leichtgewicht	**Ringfinger**
Und dieser Kleine, den ihr hier seht,	**kleiner Finger**

ist einer, der am liebsten in Schneebergen steht.

Er baut Schneemänner, seht her: so groß.

Nun sagt mir, Kinder - wie macht er das bloß?

Anschließend:

Wir bauen pantomimisch Schneemänner

(im Winter natürlich richtige draußen - falls es mal Schnee gibt.....)

❄ ❄ ❄ ❄ ❄ ❄ ❄ ❄ ❄ ❄ ❄ ❄

Die meisten Gedichte oder Geschichten lassen sich pantomimisch darstellen. Die Kinder haben sehr viel Freude daran und sind in ihrer Darstellung sehr phantasievoll.

Hier ein Beispiel:

Aktionsspiel

	pantomimisch:
Die Königin aus Schneehausen	
bekommt im Schnee das Grausen	*Grimassen*
Der Schnee muß aus dem Land heraus	
drum teilt sie viele Schneeschieber aus	
Alle schieben von früh bis spät	*Körperbeweg.*
Kommt alle her und seht und seht	*Hand über der Stirn*
Kein Fleckchen Schnee mehr im ganzen Land	
die Königin ruft „Gott sei Dank“	*in die Hände klatschen*
Da kommt ein Schuster aus der Ferne	*auf der Stelle gehen*
der mag den Schnee so gerne	*Hand aufs Herz*
Er baut aus Schnee ein Haus	....
Seine Kinder schauen zum Fenster raus	*Hand über d. Stirn*
laden die Königin zur Schlittenfahrt ein	
Die Königin ruft: „Wie fein, wie fein!“	*Händeklatschen*
Fährt Schlitten nun bergauf, bergab	....
bis sie müde im Bette lag	*hinlegen*

Theater

Die Schneeprinzessin

Vorwort der Autorin

Angelehnt an die Geschichte führten wir in unserer Einrichtung die SCHNEEPRINZESSIN auf, als Weichnachtsmärchen für die Kinder und deren Eltern und Verwandten. Zwölf kleine Schauspieler halfen bei den Vorbereitungen und fieberten ihrem Auftritt entgegen.

Der hier abgedruckte Text soll lediglich als „roter Faden" dienen. Natürlich brauchen sich die Kinder nicht an die Texte zu halten. Durch die Flexibilität des Sprechers (von einem Erwachsenen übernommen) ist es auch nicht weiter tragisch, wenn die Kleinen während der Aufführung manchmal kaum ein Wort herausbringen. Es macht trotzdem allen Spaß, und die Kinder haben schon während der Proben sowie beim Basteln der Utensilien Freude daran, sich mit dem Märchen auseinanderzusetzen.

Meine große Liebe gehört dem Rollenspiel und dem Theater, und ich denke, daß sich meine Begeisterung auf die Kinder überträgt. Es ist herrlich, mit allen Sinnen „Theaterluft" zu schnuppern, und für die Kinder ist es eine

Chance - wohl zum ersten Mal in ihrem Leben - dabeizusein, hinter die Kulissen zu schauen und mit ihrer Persönlichkeit, ihren Ideen und ihrer Unbefangenheit dazu beizutragen, eine große Sache aus einer kleinen Geschichte zu machen. Ich möchte in meinem nächsten Buch mehr über dieses Thema schreiben - mit einigen Stücken als Beispiele - und hoffe, auch andere Erzieherinnen mit meiner Begeisterung „anzustecken."

Wichtige Utensilien

2 Papphäuser, aus großen Kartons hergestellt
2 Schneeschieber, Plastik
1 Schlitten, (mit Kreppband auf einem Rollbrett befestigt)
1 Decke
8 große Papp - Schneemänner (s.u.)
1 Körbchen mit „Schneeflocken": Papierschnipsel oder „Abfall" aus Lochern
Schokoladenpudding oder Schoko - Kekse
Viele Tannenzweige
1 Paar Gummistiefel; passend für die Königin
Instrumente: wahlweise Glöckchen, Schellen, Rasseln, Xylophon o.ä.

Kostüme:

Gewöhnlich hat jeder Kindergarten einen Fundus an Kleidern, Hüten, bunten Tüchern, diversen Taschen etc. zum „Verkleiden."

Die 2 **Wichtelmützen** lassen sich aus Filz, Frottee oder weichem Samt mit wenigen Nähten leicht nähen. Hier das Schnittmuster:

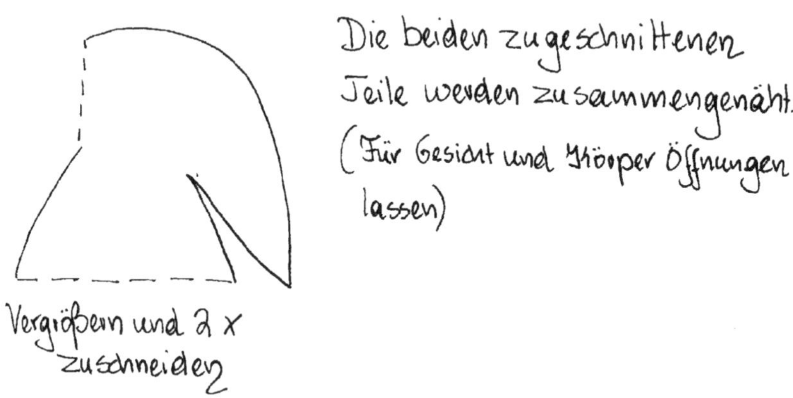

Rollen

Diese Rollen sind zu besetzen:

Königin	festliches Kleid, goldene Krone
Prinzessin	festliches Kleid, silberne Krone
Schuster	alte Jeans, kariertes Hemd, Weste, Hut
Zwerge Tappi u. Tippi	bunte Leggin, Pulli, Wichtelmütze
2 Menschen, die den Schnee schieben	winterliche Kleidung, Hüte mit „Schnee" - Watte
2 Schneeflocken	weiße Kleider, Hüte, alles mit Wattebäuschchen verziert
2-3 Musiker	Verkleidung nach Phantasie

Vorbereitung mit den Kindern

1. Wir gestalten aus großen **Kartons** zwei bunt bemalte Häuser.
2. Die Kinder malen mit verdünnter Fingerfarbe ein großes Schloß auf zwei aneinandergenähte Bettlaken.
3. Jedes Kind schneidet - etwa in seiner Größe - einen großen Schneemann aus weißer Pappe aus. Dann wird er mit Fingerfarben bemalt (Hut, Augen, Nase, Mund, Knöpfe....).

4. Weißes Papier wird zu „Schnee“ in kleine Schnipsel gerissen.

Ca. 2 Wochen vor der Aufführung bekommen die Gäste eine phantasievoll gestaltete Einladung. Jedes der Kinder soll ein ***Kuscheltier*** *mitbringen; damit sie das nicht vergessen, sollte auf der Einladung daran erinnert werden.*

Bühnenbild

Auf der linken Seite der Bühne sehen wir das Wohn - Schlaf - Zimmer im Schloß der Schneeprinzessin. Gedeckter Frühstückstisch, 2 Stühle, kleine Schränkchen. Eine kleine Matratze dient dabei als Bett. Im Hintergrund hängt ein großes bemaltes Bettlaken, auf dem ein großes Schloß zu sehen ist. Eingerahmt wird das Schloßzimmer mit Vasen voller Tannenzweige, die mit Schnee (Wattebäuschchen) verziert sind. Besonders schön wirkt das Zimmer, wenn bei der Dekoration und den Stoffen viel Gold und Glimmer verarbeitet wird.

Rechts im Bild stehen zwei aus großen Pappkartons gestaltete Häuser. Weiter rechts sehen wir ein Iglu aus weißen Bettlaken, Gardinenstoff oder einem Mückennetz gebaut, wiederum mit Wattebäuschchen verziert, wie auch der Fußboden in diesem Bereich. Daneben steht ein Schlitten, auf dem eine Decke liegt.

Alle Fensterscheiben im Theater (Turnhalle?) werden mit kleinen weißen Tupfen und Eiszapfen bemalt; sie geben so dem Raum eine winterliche Atmosphäre.

Unter allen Stühlen im Zuschauerbereich liegen Tannenzweige.

Vorhang auf...

Sprecher: Ganz weit weg von hier, im hohen Norden, wo die Winter lang und grimmig kalt sind, lebte einmal eine wunderschöne Prinzessin. Sie hatte prächtige Haare und trug die feinsten Kleider in den schillerndsten Farben. Das Mädchen lebte mit seiner Mutter, der berühmten Königin von Schneehausen, in einem rosa Schloß; direkt am Waldesrand. Als Prinzessin von Schneehausen wurde sie von allen die **Schneeprinzessin** genannt. Dort seht ihr die beiden in ihrem Schloß beim Frühstück.

Es hatte mal wieder die ganze Nacht kräftig geschneit. Die Königin war eine sehr strenge Frau und die Schneeprinzessin ein recht lustiges, wildes Kind.
Die Königin haßte Schnee über alles, und deshalb rief sie jeden Morgen ins Land hinaus:

Königin: ***Steht auf und hält ihre Hände trichterförmig an den Mund:***
Mein Land soll frei sein von Schnee. Also, alle Leute an die Arbeit! Räumt mir den Schnee weg!

Sprecher: Und so bekamen alle Leute einen Schneeschieber und halfen mit, den Schnee aus dem Land Schneehausen fortzuschieben.

Die Schneeschieber kommen aus ihrem Haus und schieben den Schnee weg

Schneeschieber: Guck mal, Königin - wie fleißig wir sind.

Sprecher: So ging der Tag zu Ende und abends gab es im Schloß zur Belohnung für alle fleißigen Schneeschieber einen leckeren Schokokeks. Doch nachts, als alle in ihren Betten lagen und schliefen, tanzten wieder leise Schneeflocken vom Himmel herab. Schaut nur - es schneit!

Schneeflocken: Sie tanzen über die Bühne und werfen weiße Papierschnipsel hoch

Musiker: Sie spielen währenddessen leise auf dem Xylophon und lassen Rasseln und Glöckchen erklingen

Sprecher: Am nächsten Morgen war alles weiß und die Königin sehr wütend. Schaut mal - da sitzt sie und frühstückt mit ihrer Tochter.

Prinzessin: Ach, Mama, laß doch bitte den Schnee liegen. Schnee ist doch sooo schön!

Königin: Nix da - der Schnee muß weg! Meinst du, ich will mir meine goldenen Stöckelschuhe im Schnee abbrechen? Alle Leute müssen wieder an die Arbeit!

......ruft ins Land hinaus: Los - alle an die Arbeit! Schiebt den Schnee aus dem Land!

2 Schneeschieber: kommen aus ihren Häuschen, greifen sich die Schneeschieber und gehen an die Arbeit

Sprecher: Schaut mal, wie sehr sie arbeiten müssen! Sie gehen schon ganz krumm.

1.Schneeschieber Mir tut der Rücken weh vom Schneeschieben.

2.Schneeschieber *faßt sich an den Rücken*
Ich kann nicht mehr! Ich glaube, ich habe einen Hexenschuß.

Sprecher: Erst am Abend war die Königin glücklich, und die Leute bekamen wieder einen leckeren Schokokeks zur Belohnung.

Schneeschieber gehen zum Schloß und bekommen einen Keks

Sprecher: Doch in der Nacht tanzten wieder leise viele Schneeflocken vom Himmel herab.

Schneeflocken tanzen über die Bühne und werfen den „Schnee" in die Luft

Musiker spielen leise auf dem Xylophon und lassen Rasseln und Glöckchen erklingen

Schuster, Tippi und Tappi suchen Wattebäuschen von der Erde und legen sie in eine Stoffalte des Iglus

Sprecher	Oh, schaut mal, dort baut sich ein Schuster mit seinen zwei Wichtelkindern ein Haus aus Schnee. Das ist ja toll! Seht ihr sie bei der Arbeit?

Prinzessin wird aufmerksam. Sie schaut aus dem Fenster und sieht zu

	Oh, das ist ja toll! Die bauen sich aus Schnee ein Haus. Hoffentlich merkt das meine Mama nicht.

Sie zieht sich einen Schal an und geht nach draußen. Die Königin ruht noch

Schuster Martin:	Guten Morgen, Prinzessin! Ich bin der Schuster Martin, und das sind Tippi und Tappi, meine süßen Wichtelkinder.
Prinzessin:	Guten Morgen, was macht ihr denn da?
Tippi:	Wir bauen uns ein Haus aus Schnee.
Tappi:	Wir sind arme Leute und haben kein Geld.
Schuster:	Komm rein, Prinzessin, ich zeige dir das Schneehaus von innen.

Der Schuster geht mit der Prinzessin ins Iglu

Sprecher:	Da wacht die Königin auf und sieht mit strengem Blick zum Fenster hinaus.

Königin: Was ist denn das? Das darf doch nicht wahr sein! Ein Haus aus Schnee?

Königin rennt raus und ruft: Was soll das denn?

Schuster: Wir bauen uns ein Haus aus Schnee. Komm doch rein - ich zeige es dir.

Königin: Na, sowas habe ich ja noch nie gesehen. Schön kuschelig ist es hier drinnen. Was ist denn das da?

....sie zeigt auf den Schlitten, der neben dem Eingang steht

Tippi: Das ist unser Schlitten.

Tappi: Damit kann man über den Schnee fahren.

Schuster: Steig auf, Königin! Wir machen eine Fahrt durch den Winterwald. Wir zeigen dir die Tiere des Waldes.

Königin, steigt auf: Darf meine Tochter auch mit?

Schuster: Na klar, es ist Platz genug auf dem Schlitten.

Die Prinzessin steigt ebenfalls auf den Schlitten.
Der Schuster deckt beide mit einer Decke zu

Sprecher, währenddessen: Damit sich alle Zuschauer in einen Wald mit vielen Tieren verwandeln, halten die Kinder jetzt ihr Kuscheltier hoch. Die großen Leute finden einen Tannenzweig unter ihrem Stuhl. Schön hochhalten, und

	schwupps - schon haben wir einen Tannenwald hierhergezaubert! Nun geht die Schlittenfahrt los!

Musiker lassen Glöckchen und Schellen erklingen

Die Königin rauscht auf ihrem Schlitten durch den Wald.
Schuster und Kinder ziehen und schieben den Schlitten durch den Zuschauerbereich
Die Königin winkt fröhlich allen Tieren zu

Königin, lachend:	Oh, das ist herrlich! Guten Tag, ihr Tiere!
Sprecher:	Schaut, wie sehr der Königin das Schlittenfahren gefällt; wie sehr sie sich freut.

Langsam kommt der Schlitten wieder zur Bühne zurück. Schneeschieber kommen in die Nähe des Schlittens. Sie schieben krumm gebückt den Schnee

Königin, laut:	Halt!! Halt!! Bitte, laßt den Schnee liegen, bitte, bitte!
Sprecher:	Na sowas! Alle Leute sind verdutzt. Sie können es kaum glauben.
Prinzessin:	Mama, Mama, du magst Schnee?
Königin, lachend:	Na klar! Schnee ist doch das Schönste, was es gibt auf der Welt.
Schuster:	Hier, liebe Königin. Die Stiefel sind für dich, damit du im Schnee herumstapfen kannst.

Tippi:	Schau mal, Königin, aus Schnee kann man Schneemänner bauen.
Tappi:	Meiner ist auch schon fertig.

Tippi und Tappi halten sich die großen Schneemänner vor den Körper und tanzen damit über die Bühne

Königin:	Oh, wie schön!
..schreit ins Land hinaus:	Alle Leute, die kräftige Arme und Beine haben, bauen sich einen Schneemann!

Alle Schauspieler gehen nacheinander zum Bühnenrand
Dort bekommen alle einen Papp - Schneemann, den sie sich vor den Körper halten
Musiker spielen wieder
Evtl. Einsatz von winterlicher Musik von einer Kassette
Alle „Schneemänner" gehen zurück zur Bühne und tanzen zur Musik

Königin:	Toll, aus Schnee läßt sich so viel machen. Daß mir niemand mehr den Schnee aus dem Land hinausschaufelt! Ich liebe Schnee!

Alle Schauspieler stellen sich - die Schneemänner vor den Bauch haltend - nebeneinander und verbeugen sich

Sprecher:	Und wenn sie nicht gestorben sind, dann leben sie noch heute.

....tosender Applaus!!....

Vorbereitung für *BÄCKER HUBERT..........*

Empfohlene Gegenstände für die Darstellung

1 Wichtelmütze, 1 Dose mit Vollkornkeksen
Eine Schachtel, z.B. Schuhkarton, beklebt oder bemalt, so daß sie irgendwie alt aussieht, dann mit Rezepten füllen (s.u.)

Atmosphäre

Auf einem braunen Tuch wird mit Hilfe der Zapfen, Steine, Bauklötze und der Schafwolle (zum Gestalten von Büschen und Wiesen) ein kleines Dorf aufgebaut. Brennende Teelichter rahmen die Stadt ein. Den Raum abdunkeln.

Das „alte" Rezept von der nächsten Seite kopieren -
- 1 Exemplar für jedes Kind -

✂----- ***dann ausschneiden,***

etwas zerknüllen und in die Pappschachtel legen.

Brötchen

6 Eßlöffel Öl
4 Eßlöffel Milch
150 g Quark
75 g Zucker
1 P. Vanillezucker
1 Prise Salz
1 Ei
1 P. Backpulver
300 g Mehl

Alle Zutaten mit Schneebesen verrühren...

...dann Mehl und Backpulver unterrühren

Brötchen formen und ¼ Std. goldbraun backen

Die Geschichte vom Bäcker Hubert und seinen verbrannten Brötchen

Bevor ich euch die Geschichte vom Bäcker Hubert erzähle, will ich euch erst einmal beschreiben, wie es im schönen Wichtelhausen so aussieht.

Schaut - dort seht ihr das Dörfchen; dort spielt die Geschichte. Gemütliche kleine Häuschen stehen dort. Sie sind lustig bemalt und haben fast alle ein rotes Dach. In dem kleinen Dörfchen gibt es eine große Kirche mit kunterbunten Fenstern und einer großen knarrenden Eingangstür. Zwei Häuser weiter findet ihr die Bäckerei. Dort wohnt der Bäcker Hubert, von dem ich euch gleich erzähle.

Etwas weiter, am Waldesrand, wohnt die Wichtelkönigin in einem blauen Schloß mit einer goldenen Kuppel obendrauf. In dem Dörfchen gibt es natürlich auch einen Gemüseladen, eine Fleischerei und einen alten Schuster, der von früh bis spät Wichtelschuhe repariert.

Doch heute will ich euch vom Bäcker Hubert erzählen. Macht's euch gemütlich und hört mir gut zu. Die Geschichte beginnt.....

Ganz früh am Morgen, wenn alle Wichtel noch in ihren Bettchen liegen, dann muß Bäcker Hubert schon aufstehen. Denn zur Frühstückszeit müssen alle Brötchen fertig gebacken und knusprig frisch im Körbchen in seinem Laden stehen. Also macht er sich zeitig ans Werk, und noch nie ist es ihm passiert, daß nicht rechtzeitig alle Brötchen fertig waren.

Letzten Donnerstag allerdings ist alles schiefgegangen. Dabei ist der Bäcker Hubert frühzeitig aufgestanden und mit seiner weißen Wichtelmütze zum Arbeiten in die Backstube gegangen. Ich weiß das ganz genau; ich habe ihn nämlich durchs Backstuben - Fenster beobachtet. Er war dabei, den Brötchenteig kräftig durchzukneten, als er mich am Fenster entdeckte.

„He", rief er, „wer bist denn du?"

„Ich bin ** NAME DES ERZÄHLERS **", flüsterte ich, „und ich würde dir gerne beim Brötchenbacken zusehen."

Der Bäcker Hubert lud mich ein, in seine Backstube zu kommen, und als er alle Backbleche voller Brötchen in den Backofen geschoben hatte, da setzten wir uns gemütlich zum Tee und einem leckeren Keks zusammen. Ach, ich habe noch niemals einen soo leckeren Keks gegessen! Stellt euch vor: der nette Bäcker hat mir für euch alle einen zum Probieren mitgegeben.

Erzähler gibt jedem Kind einen Keks aus der Dose

Beim Tee erzählte mir der Bäcker ganz aufgeregt, daß die Königin an diesem Morgen 77 Brötchen bei ihm bestellt hatte. Sie hatte Geburtstag und erwartete 77 Gäste zum Frühstück. Alle sollten ein leckeres Marmeladenbrötchen bekommen. Die halbe Nacht hatte der Bäcker Hubert schon in der Backstube gestanden und den Teig unzählige Male durchgeknetet, denn die Brötchen sollten besonders knusprig und lecker werden.

Es war so gemütlich, beim duftenden Tee zu plaudern, und so vergaß der Bäcker - zum ersten Mal in seinem Leben - seine Brötchen im Backofen. Bald schon drang eine dicke Qualmwolke aus dem Backofen zu uns herüber. „Oh, wie schrecklich!!" schrie der Bäcker und sprang von seinem Stuhl auf. „Meine Brötchen! Meine Brötchen sind verbrannt. Was soll ich bloß der strengen Königin erzählen?" Da fuhr auch schon die goldene Kutsche vor. Sie war über und über mit Glitzersteinen besetzt und funkelte in der Morgensonne.

„Gu-gu-guten Morgen", stotterte der Bäcker. Die Königin sah so streng aus; der Bäcker traute sich nicht, ihr von seinem Pech zu erzählen, und so packte er ihr all die verbrannten Brötchen in einer großen Tüte auf die Kutsche.

Als die Königin in ihrer goldenen Kutsche abgefahren war, sah mich der Bäcker sehr verzweifelt an. „Das gibt Ärger“, murmelte er. „Verbrannte Brötchen schmecken grauselig.“ Ich wollte ihm helfen und schlug ihm vor, gleich 77 neue Brötchen für die Königin zu backen.

„Ach, ** NAME DES ERZÄHLERS **“, sprach Bäcker Hubert, „Brötchen backen dauert seine Zeit. In zwei Stunden kommen doch schon die Gäste.“

Der Wichtelbäcker grübelte zweieinhalb Minuten, da fiel ihm ein, daß er in einer verstaubten Schachtel, die seinem Urgroßvater gehörte, noch ein altes Brötchenback - Schnellrezept liegen hatte. „Warte“, flüsterte er, „irgendwo muß die Schachtel doch zu finden sein.“ Und tatsächlich, kurz darauf hielt er die alte Schachtel in seinen Händen und holte ein zerknittertes Stück Papier heraus.

Schaut her - hier habe ich die alte Schachtel. Sie ist mindestens hundert Jahre alt.

> Die Schachtel wird geöffnet,
> und jedes Kind bekommt einen
> zerknitterten Zettel mit dem Rezept.

Wenn ihr eines Tages das Lesen gelernt habt, dann könnt ihr die leckeren Brötchen alleine nachbacken. Bis dahin helfen euch sicherlich Mama oder Papa oder wir hier im Kindergarten beim Backen der Wichtelbrötchen.

Ja - das war wirklich ein großes Glück für den Bäcker! Schnell machten wir uns an die Arbeit, und - ruck, zuck - waren 77 goldbraune, duftende Brötchen fertig!

Heimlich schlichen wir uns zum Schloß. Ich mußte mir eine Wichtelmütze aufsetzen, damit ich nicht auffiel im Land der Wichtel.

Erzähler setzt die Wichtelmütze auf

Schaut, diese süße Wichtelmütze stülpte ich mir auf den Kopf - und schon sah ich aus wie einer aus Wichtelhausen!

Die Königin saß im Bad vor dem Spiegel und bürstete sich ihr langes Haar. So konnten wir unbemerkt in den Schloßsaal schleichen und die Brötchen austauschen. Phuu! Glück gehabt! Niemand hatte etwas bemerkt.

Durchs Fenster konnten wir dann später beobachten, wie 77 Geburtstagsgäste mit Genuß in ihre Marmeladenbrötchen bissen. Mhmm....

Wollen wir auch heute (**MORGEN**BALD**) diese leckeren Brötchen nach dem Rezept von Huberts Urgroßvater backen? Das Rezept haben wir ja nun!

Anschließend oder an einem der nächsten Tage könnte eine Backaktion stattfinden. Jedes Kind bringt ein wenig von seiner Lieblings - Marmelade mit in den Kindergarten.

Basteln

Pappmachebrötchen

Aus kleingerissenen Papierschnipseln und Kleister wird eine Modelliermasse angerührt. Daraus werden kleine Brötchen geformt, die einige Tage an der Luft trocknen müssen. Anschließend werden sie bemalt, hellbraun oder - als „verbrannte" Brötchen - dunkelbraun bis schwarz.

Variante: Brötchen aus Salzteig formen und im Backofen backen.

Backofen

Ein mittelgroßer Karton wird von außen bemalt („Backofen-, Ziegelmuster"). Eine runde Öffnung und ein Pfannenheber reichen vollkommen aus, um in der Phan-tasie der Kinder zu einem „Wichtel - Backofen" zu werden.

Krone

Aus Goldpapier - zur Verstärkung auf stabile Pappe geklebt - wird die Krone für die Königin ausgeschnitten.

Durch aufgeklebte Glitzersteine wirkt die Krone noch „edler."

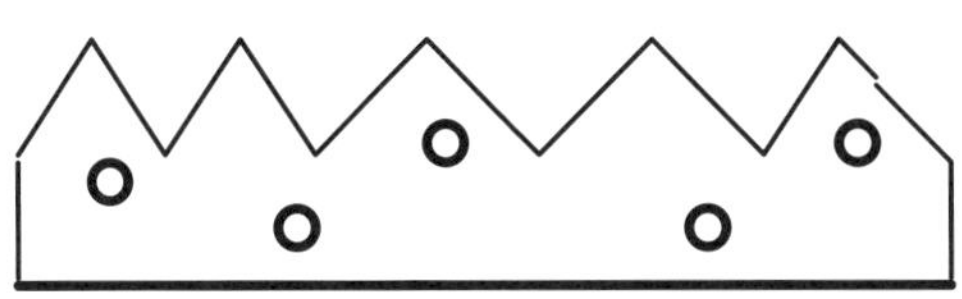

Keks- Ratespiel

Material:

ca. 20 leere, bunt bemalte Streichholzschachteln

1 Dose mit kleinen Keksen „aus Wichtelhausen“

Auf dem Tisch liegen die 20 leeren Streichholzschachteln. Der Spielleiter nimmt aus der alten „Wichteldose“ einen Keks und steckt ihn in eine beliebige Schachtel. Dann schiebt er alle Schachteln mit den Händen durcheinander. Der Reihe nach dürfen nun die Mitspieler eine Schachtel heben und durch Schütteln prüfen, ob der Keks darin versteckt sein könnte. Wer ihn als erster entdeckt, darf ihn essen und den nächsten Keks in eine beliebige Schachtel stecken. Das Spiel geht weiter.

Knabber - Memory

Vom Spielleiter werden alle Schachteln mit Knabbereien gefüllt, wobei in jeweils zwei Schachteln das gleiche steckt: z.B. Gummibärchen, Schokoladenstücke, Nüsse, Rosinen, Bonbons oder getrocknetes Obst.

Nun wird nach den Memory - Regeln gespielt. Wer ein „Pärchen“ entdeckt, darf den Inhalt essen oder ihn mit einem anderen Kind teilen.

Abzählvers

Dem Bäcker aus dem Wichtelland
sind morgens alle Brötchen verbrannt.
Schwarz holt er sie aus dem Ofen raus,
eins, zwei, drei - und du bist aus!

Scherzgedicht

77 Gäste freuen sich ganz feste
auf Brötchen mit Marmelade.
Leider kriegst du keines ab -
das ist aber schade!

SPASSGESCHICHTEN

Knusel - Busel

Die lustigste Geschichte der Welt

Heute will ich dir die lustigste Geschichte der Welt erzählen. Nein, Kerzen habe ich nicht angezündet. Du würdest sie vor lauter Lachen wahrscheinlich auspusten.

Sitzt du gemütlich auf deinem Kissen? Dann höre gut zu!

Nicht weit von hier gibt es ein kleines Städtchen, und dieses Städtchen heißt, - du wirst es nicht glauben: KNUSEL - BUSEL!

Eigentlich ist KNUSEL - BUSEL ein ganz normales Städtchen mit einer kleinen Schule, einem schönen Kindergarten, einem klitzekleinen Spielplatz und vielen bunten Häusern, in denen Menschen wohnen.

Und trotzdem ist KNUSEL - BUSEL eine ganz besondere Stadt, und weißt du auch warum? Ich will es dir sagen: Alle Leute, die dort wohnen, finden den Namen der Stadt sooo lustig, daß sie nicht aufhören können zu lachen. Ja, stell dir vor, sie lachen den ganzen Tag - und das geht schon morgens los, wenn der Wecker rasselt. „KNUSEL - BUSEL", kreischen die Kinder schon früh am Morgen, „welch ein lustiger Name!" Und dann prusten sie los und lachen und lachen und.....lachen ...und lachen.... Aber nicht nur die Kinder, auch die großen Leute halten sich vor Lachen ihre Bäuche und können gar nicht mehr aufhören. Erst am späten Abend, wenn alle müde und erschöpft vom Lachen ins Bett sinken, erst dann ist Ruhe in KNUSEL - BUSEL.

Manchen Leuten fallen vor lauter Lachen die Zahnbürsten beim Zähneputzen aus der Hand. Einige werden kaum satt, weil sie beim Butterbrotkauen die Brotkrümel umherprusten oder weil sie beim Suppelöffeln das meiste der guten Suppe auf den Tisch kleckern.

Auch im Kindergarten von KNUSEL - BUSEL geht es anders zu als anderswo. Die Erzieherin kann den Kindern nämlich vor lauter Lachen keine Geschichte erzählen. Manchmal sitzen sie alle zusammen im Stuhlkreis und freuen sich auf eine gemütliche Spielrunde. Aber da wird nix draus! Die Kinder in KNUSEL - BUSEL kennen nicht eine einzige Geschichte. Sie können vor Lachen nicht ein einziges Lied singen. Auch in der Grundschule von KNUSEL - BUSEL dringen den ganzen Vormittag laute Lachgeräusche aus den geöffneten Fenstern auf die Straße.

Niemand kann sich auf den Unterricht konzentrieren. „KNUSEL - BUSEL, was für ein lustiger Name", kreischen die Kinder und die Lehrer laut durcheinander und lachen, lachen..... So kommt es, daß nicht ein Kind in KNUSEL - BUSEL schreiben, rechnen oder lesen kann, und das ist ziemlich schlimm!!

In diesem lustigen Städtchen gibt es natürlich auch einen Bürgermeister. Herr Pampenpieper, so heißt er, ist ein stattlicher dünner Mann und geht auf die Fünfzig zu. Natürlich lacht auch er den ganzen Tag. Aber er ist nicht dumm und macht sich große Sorgen um die Menschen im kleinen Städtchen KNUSEL - BUSEL. „Oh, oh", lacht er, „wo führt das bloß hin? Die Kinder werden immer dünner und dümmer. So geht das nicht weiter!"

Und eines Tages hat er eine gute Idee. Er ruft alle Menschen aus KNUSEL - BUSEL zu einer wichtigen Versammlung ins Rathaus. „Alle mal herhören", ruft er den Leuten zu. „So geht das hier nicht weiter in KNUSEL - BUSEL! Ich mache mir große Sorgen, und darum habe ich beschlossen - bevor wir uns alle totlachen - daß ab sofort in ganz KNUSEL - BUSEL das Lachen verboten ist! Achtung - fertig - los!!" Sofort wird es still im Rathaus; alle sind entsetzt. Niemand will so recht glauben, was Herr Pampenpieper da erzählt. „Was? Wir dürfen niemals mehr lachen?", schluchzen die Kinder, und sie beginnen bitterlich zu weinen. Auch die großen Leute aus KNUSEL - BUSEL können es nicht fassen. Sie weinen, weinen....... Erst am späten Abend, wenn alle Leute aus KNUSEL - BUSEL im Bett liegen und endlich eingeschlafen sind; erst dann kehrt Ruhe ein in KNUSEL - BUSEL.

Doch schon am nächsten Morgen geht es wieder los. Vor Weinen lassen manche Leute ihre Zahnbürste fallen oder sie prusten dicke Butterbrotkrümel über die Tischplatte. Im Kindergarten gibt es noch immer keine Geschichten, da die Erzieherinnen auch den ganzen Tag weinen müssen.

„So geht das nicht weiter", schluchzt der Bürgermeister eines Tages. Ich werde mir etwas Neues einfallen lassen. Sieben Tage und Nächte überlegt er - und dann hat er eine grandiose Idee. Alle Leute müssen wieder ins Rathaus kommen.

„Alle mal herhören!“, ruft er. „Ich mache mir große Sorgen. Und darum habe ich mir überlegt, daß wir unserer Stadt einen neuen Namen geben. Ab sofort heißt unsere Stadt nicht mehr

KNUSEL - BUSEL, sondern KNISEL - BISEL!“

Na, was glaubst du? Ob das wirklich so eine gute Idee ist vom Bürgermeister? Oder lachen sie wohl noch immer, die großen und kleine Leute aus KNISEL - BISEL?

Vielleicht siehst du ja irgendwann das Städtchen, dann kannst du horchen - und es mir einmal erzählen, ja?

Herr Bratsch - Brösel

Kennst du schon die Geschichte von Herr Bratsch - Brösel? Nein? Na - die muß ich dir unbedingt erzählen!

Herr Bratsch - Brösel ist nämlich völlig anders als die anderen Männer in seinem Alter, und wenn jemand anders ist als die anderen, dann sagen die Leute schnell, er ist verrückt oder sowas. Von Herrn Bratsch - Brösel sagen die Leute das auch, aber das macht ihm gar nichts aus - absolut nicht!

Herr Bratsch - Brösel lebt in einer kleinen Stadt, ganz in der Nähe von Knisel - Bisel und ist ein sehr lustiger, fröhlicher Mensch. Er lebt ganz allein in einem kunterbunten Haus. In seinem Garten blühen die buntesten Blumen, die du dir vorstellen kannst. Aber auch hohe Bäume stehen in seinem Garten, und an zwei dicken Bäumen hat er eine Hängematte befestigt. Er kann damit bis oben in die Zweige schaukeln. Manchmal liegt er aber auch nur darin und döst vor sich hin.

Im Haus drinnen sieht alles etwas anders aus als bei den Leuten, die ich so kenne. Die ganzen Küchenschränke hat er rosa angestrichen, alle - auch den Kühlschrank und die Spülmaschine. „Alle anderen Küchen finde ich langweilig", sagt Herr Bratsch - Brösel, „und Langeweile hasse ich. Nichts ist schlimmer als Langeweile." Und Langeweile kennt Herr Bratsch - Brösel nicht. In einer Wohnung, wie Herr Bratsch - Brösel sie hat, kann einem aber auch nicht langweilig werden. Stell dir vor: In seinem kunterbunten Wohnzimmer steht mittendrin ein großer Sandkasten mit vielen bunten Förmchen und Schüppchen. Gleich daneben steht ein Strandkorb und ein Planschbecken. Hinten am Fenster hab ich einen Maltisch gesehen mit vielen bunten Maltöpfen und einer Menge Papier.

In der einen Ecke hängt eine Schaukel von der Decke herab. Herr Bratsch - Brösel sagt, wenn er richtig Schwung draufhat, kann er von der Küchentür bis zur Flurtür schaukeln. Toll!

Den ganzen Tag läuft Herr Bratsch - Brösel in seinem Schlafanzug herum. Das findet er prima. Er findet es auch prima, nachts in der Badewanne zu schlafen. „Warum soll ich mich ins Bett legen“, sagt er, „das ist doch langweilig. Ich schlafe lieber in der Wanne.“ Ja, er ist schon komisch, der Herr Bratsch - Brösel. Und wenn ich euch nun erzähle, was Herr Bratsch - Brösel in seinem Kühlschrank liegen hat, dann werdet ihr mir das bestimmt nicht glauben. Aber ich hab's wirklich gesehen. Ihr habt zuhause sicher Wurst, Käse und Joghurt drin, oder? Ich auch. Herr Bratsch - Brösel nicht! Herr Bratsch - Brösel hat seine Pullis im Kühlschrank - schön glatt aufeinandergestapelt liegen sie da. Er liebt es, im Sommer, wenn es ganz heiß draußen ist, in einen eiskalten Pulli zu schlüpfen. Außerdem findet er es toll, alles anders zu machen als andere Leute. Darum hängt er auch seine gemalten Bilder verkehrt

herum an die Wand. So sind dann die Füße der gemalten Männchen oben, und der Kopf hängt unten. Stundenlang kann Herr Bratsch - Brösel sich darüber freuen.

Soll ich dir auch erzählen, was Herr Bratsch - Brösel zum Frühstück ißt? Nee - nicht wie andere Leute ein Marmeladenbrötchen oder sowas. Marmeladenbrötchen findet er langweilig. Morgens mag er am liebsten ein dickes Stück Schokoladentorte und gleich hinterher eine Bockwurst mit Senf. Dann ist er richtig satt. Mittags frühstückt er dann, oft hat er Appetit auf Fruchtmüsli mit Spinat. Igitt - sagen die Leute dann und rümpfen die Nase.

Ja - und am Abend, da gönnt er sich immer etwas Besonderes. Eine Banane - er hat übrigens eine mit Reißverschluß in der Schale - oder einen Apfel. Manchmal schneidet er beides klein, mixt es durcheinander, und schon hat er einen leckeren Obstsalat.

Einen Fernseher besitzt Herr Bratsch - Brösel nicht. „Nichts ist langweiliger als Fernsehgucken", sagt er immer. „Ich will nicht dumm rumsitzen und immer in eine Richtung gucken, oh nein, das ist mir zu langweilig." Und das glaube ich ihm auch. Lieber spielt er mit den vielen Kindern, die ihn oft besuchen. Dann spannt er Wäscheleinen durchs ganze Haus, und sie spielen „Wäsche aufhängen um die Wette."

Herr Bratsch - Brösel hat immer die tollsten Ideen. Darum ist er ja auch Erfinder geworden. Er besitzt eine Pommfritmaschine, die er selbst erfunden hat. Oben wirft er eine dicke Kartoffel rein, und unten kommen nach genau 17 Minuten die fertigen Pommes raus. Dann duftet das ganze Haus nach Pommfrit, und an solchen Tagen hat er immer viel Besuch.

In seinem Badezimmer steht ein Staubsauger mit einer Spezialdüse dran, damit kann man sich die Haare kämmen, ohne daß es ziept. Die hat Herr Bratsch - Brösel auch erfunden. Die Banane mit dem Reißverschluß in der Schale natürlich auch. Das müßtest du mal sehen!

Ich könnt dir noch stundenlang vom komischen Herr Bratsch - Brösel erzählen, von den witzigen Dingen, die er macht, aber dann wird die Geschichte zu lang, und du magst dann vielleicht gar nicht mehr zuhören. Darum sollten wir Herrn Bratsch - Brösel vielleicht einmal zusammen besuchen?

Oh - schade! Das geht ja gar nicht. Die Geschichte mit Herrn Bratsch - Brösel habe ich nur erfunden. Da haben wir aber Pech, wir zwei!

(bzw. .IN DER GRUPPE...da haben wir aber alle Pech gehabt....)

Basteln

Tips zum Basteln der Stab- und Fingerpüppchen

Alle Geschichten in diesem Buch erzählen von Tieren, Männchen, Märchenfiguren oder Menschenkindern. Ideal ist es, wenn die Kinder diese Wesen dann auch sehen, berühren oder mit ihnen sprechen können.

Soweit nicht schon vorhanden, lassen sich ganz leicht die phantasiereichsten Puppen mit bescheidenen Materialien selbst herstellen. Ein Holzlöffel als Basis, verziert mit Wolle (Haare), Knöpfen (Augen) und Stoffresten (Kleid) reicht völlig aus, um die Kinder zu faszinieren und sie ins Land der Phantasie zu entführen.

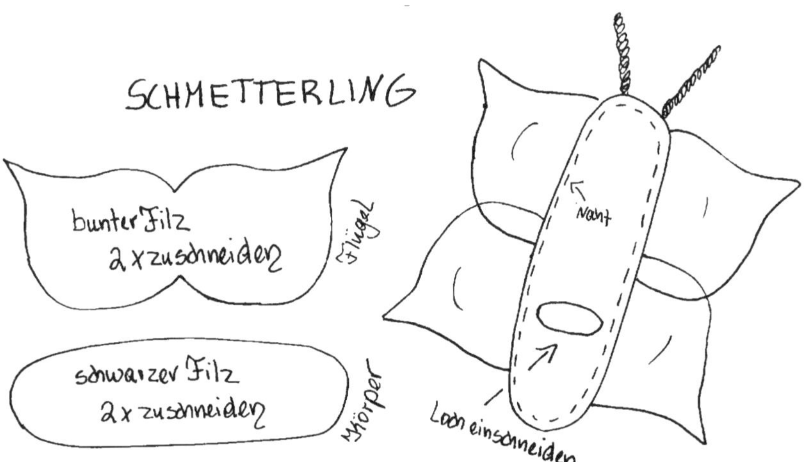

Alle Filzteile zuschneiden, übereinanderlegen und nähen. In den schwarzen Filz, in die Unterseite des Schmetterlings, ein kleines Loch schneiden, so daß der Schmetterling auf den Finger gesetzt werden und flattern kann.

Spinne

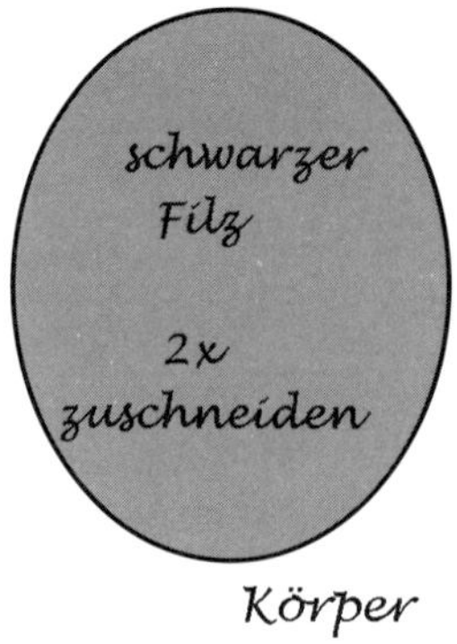

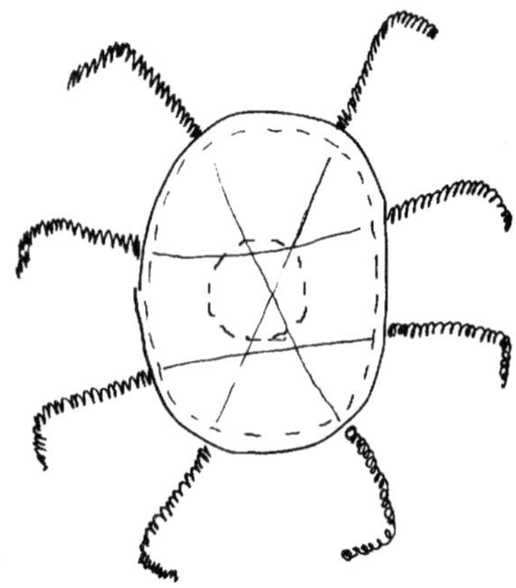

Auf ein ausgeschnittenes schwarzes Stück Filz
4 Pfeifenputzer legen; wie oben anordnen.
Das zweite Filzstückchen drauflegen; nähen.
In die untere Seite des Körpers wieder ein Finger-Loch schneiden.

Nach dem gleichen Prinzip entstehen Marienkäfer, Bienen, Fische, Tausendfüßler und viele Phantasiewesen.

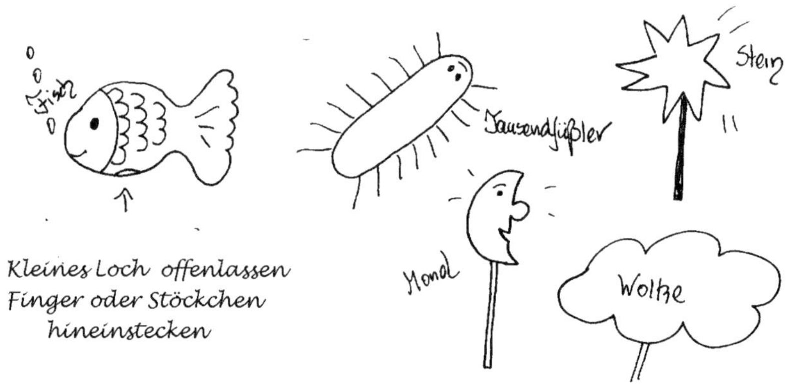

WICHTEL

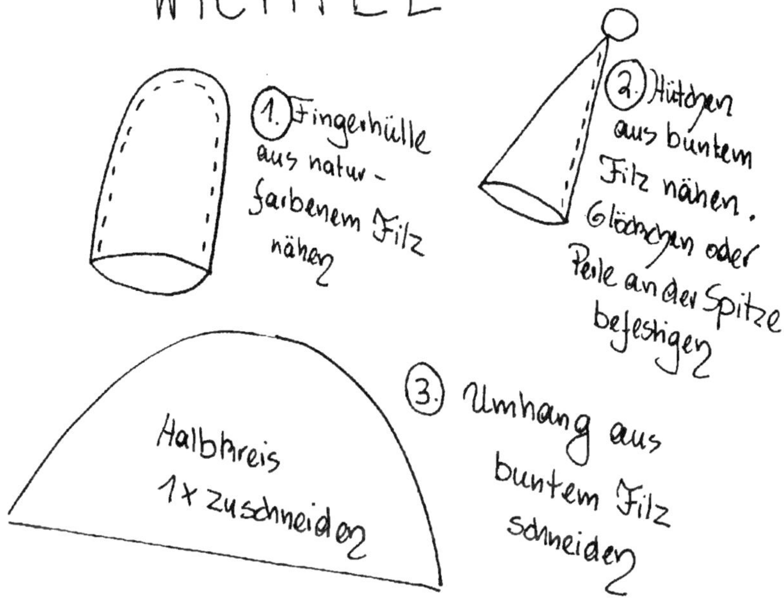

(Nicht maßstabgerecht)

Hütchen auf die Fingerhülle setzen, mit Nadel und Faden von Hand befestigen.

Den Umhang anschließend ebenfalls mit kleinen Stichen befestigen.

Mit Schafwolle, kleinen Perlen oder Glöckchen verzieren - fertig!

Anhang 2

Die Schatzkiste

und ihr Inhalt

Liebe Eltern und andere Vorleserinnen und Vorleser!

Die Idee zu diesem Buch entstand in der Kindergarten - Arbeit. Zum „Vorlesen mit Atmosphäre“ habe ich im Laufe der Zeit alle möglichen Dinge gesammelt und in einer „SCHATZKISTE“ aufbewahrt. Sie ist für die Kinder nicht zugänglich. Bei uns ist sie aus Holz, bunt bemalt, aber jede andere Kiste aus Blech oder gar aus Pappe ist geeignet. Darin sind zu finden: Glitzersteine, Teelichter, Zapfen, Federn, Seidentücher, Duftdöschen - um nur eine kleine Auswahl zu nennen. Manche Dinge werden erst einmal hineingetan, ohne daß schon klar ist, ob und wofür sie einmal eingesetzt werden.

Mein Rat: fangen Sie „klein“ an, erst einmal mit den Dingen für die ersten zwei Geschichten. Sie werden sehr schnell Ihre eigenen Ideen haben für die weiteren Geschichten und andere Gegenstände einbringen. Betrachten Sie daher die folgende Liste nur als Anregung für Ihre persönliche Sammlung in der SCHATZKISTE.

Viel Spaß damit!
Die Autorin

Gegenstände	**Beispiele für Gleichwertiges**
Teelichter in fast allen Geschichten	
Die Traumdecke	
Goldfarbenes Tuch	helles Tuch od. Kopfkissenbezug
buntbemalte Steine	Kieselsteine od. beliebige Steine aus der Natur
Duftlampe, Tannenduft	Duftkerze; gibt es in Drogerien mit verschiedenen Duftrichtungen
bunte Stoffreste	Buntpapier - Rechtecke in gleicher Größe
Duftpuder (Kosmetikartikel)	Puderzucker od. kl. Papierschnipsel od. kl. weiße Federn
Blüten aus dem Garten	Papier- od. Seidenblüten, od. auf Papier aufgemalte Blüten ausschneiden
Kababa	
Goldfarbene Tannenzapfen	Tannenzapfen aus dem Wald, unbehandelt
buntbemalte Steine, Glitzertuch, Duftlampe	wie oben
Glasmurmeln	
Musik von Kassetten	
Obst	
Kababa und das Baby	
Glitzerndes Tuch	helles Tischtuch oder Kopfkissenbezug
Blüten, Glassteine	wie oben
Klangkugeln (Musikladen) od. Flöte	Glöckchen, Schellen, oder zwei Eßlöffel gegeneinanderschlagen und so als Klangstäbchen benutzen

Sonne, Mond. Sterne aus Filz	auf Papier aufmalen, ausschneiden und an Stöckchen od. Schaschlikspieß befestigen
Duftlampe, Kirschblütenduft	wie oben
Sternenkugel; Anltg. S.44	gibt es als Windlicht im Kaufhaus
Entspannungsmusik	
Krähe Kora	
kleine Decke, schwarz od. dunkel	großes Stück schwarzes Papier
Klangkugeln (Musikladen)	wie oben
etwas Erde	
bunte Federn	
gekochte (bunte) Eier oder:	
„Eierrasseln“: Plastikei oder -kugel durch ein Loch mit etwas Vogelsand oder Reis füllen, Loch mit Klebstoff schließen	Rasseleier aus dem Musikgeschäft
Clarissa und Stine	
Lumpenpuppe: siehe Anhang Theater	
Mundharmonika, Rassel oder Flöte	Rasseln lassen sich aus jeder Schachtel oder Dose herstellen; z.B. Streichholzschachtel mit Reis füllen, zukleben. Bunt bemalt sind sie noch wirkungsvoller.
Versch. Spielsachen	
Die Schneeprinzessin	
Klangkugeln	wie oben
Duftpuder (Kosmetikartikel)	wie oben
Schokoladenpudding	Schokekse od.Butterkekse
Handpuppen (Prinzessin, Zwerge; evtl. Königin)	Tierbilder od. aufgemalte Bilder ausschneiden und auf Pappe kleben
Tiere aus Holz	Figuren aus Pappe; wie oben
weißes Tuch, Watte, Tannenzapfen, Wurzeln, Moos	
Bäcker Hubert...	
Wichtelmütze; Anltg. S.94	Pudel- od. andere Mütze
Kekse	
Schachtel mit Rezepten; S.105	

Hinweis des Verlags

Von der Autorin

Mariele Diekhof sind in diesem Verlag

folgende weitere Bücher in Vorbereitung

Phantasien aus der Schatzkiste

Band 2 vorauss. Ende 1998

„So kunterbunt ist unsere Welt"

Kreative Wege in der Kindergartenarbeit

Von der „Geschichten-Werkstatt" zum Theaterspiel

vorauss. Anf. 1999